Fassade des Regierungspalais am Senatsplatz (Senaatintori)

Finnish Design	57
Kaufhäuser und Einkaufszentren	58
Märkte und Flohmärkte	60
Mode & Accessoires	61
Souvenirs und Schmuck	62

Ausgehen 64
Casino, Kulturzentrum	65
Kneipen, Bars & Pubs	66
Discos, Clubs & Szenelokale	69
Schwul & Lesbisch	71

Unterhaltung
Feste und Festivals	72
Kinos, Große Bühnen	73
Theater	74
Oper, Ballett & Konzerte	75
Folklore	76

12 Highlights

Hotel Kämp	35
Fazer Café	40
Ateljee-Bar des Hotel Torni	66
Hallenbad Yrjönkatu	79
Marktplatz (Kauppatori)	87
Senatsplatz (Senaatintori)	87
Hauptbahnhof (Rautatieasema)	88
Kiasma, Museum für Moderne Kunst	95
Linnanmäki, Vergnügungspark	97
Kaivopuisto-Park	98
Festung Suomenlinna	101
Porvoo, Kleinstadtidylle	103

Inhalt

Unterwegs mit Kindern	77
Aktiv in Helsinki	78
Sehenswert	
Stadtviertel	83
Straßen & Plätze	86
Bauwerke	88
Kirchen	90
Museen	91
Familienattraktionen	96
Gärten und Parks	97
Inseln und Schären	99
Ausflüge	
Espoo, Hanko	102
Porvoo	103
Tallinn	104
Tarvaspää, Vantaa	105

Extra-Touren

Tour 1: Wo Russland noch zu spüren ist	108
Tour 2: Viel Grün, viel Wasser, viel Jugendstil	110
Tour 3: Wechselnde Perspektiven	112
Tour 4: Esplanade und Design-Distrikt	114
Tour 5: Volkskunst und Moderne	116
Register	118
Bildnachweis/Impressum	120

20 Reisetipps

Die Helsinki Card	15	Ticketverkauf	73
Hilfe für Touristen	16	Baden im Eisloch	79
Apartments für Selbstversorger	30	Schwitzen wie die Finnen	80
Am Wochenende günstiger	33	Paddeln auf der Töölö-Bucht	81
Kaffee auf dem Markt	41	Mit der 3T/3B unterwegs	83
Krebsessen auf den Schären	48	Sightseeing per Boot	85
Geld kaufen?	56	Mittsommer auf Seurasaari	101
Arabia-Center	59	Wildnistour nach Nuuksio	103
Mumins	63	Schärenkreuzfahrt	105
Für Jugendliche tabu	67		
Auf Toiletten sind Männer ›mies‹	69		

Helsinki im Internet

Internet-Zugang
In keinem anderen Land ist der Zugang zum Web so einfach und die Computer-Dichte so hoch wie in Finnland. An vielen Stellen in der Hauptstadt, z. B. in öffentlichen Bibliotheken, im Café Kiasma oder in verschiedenen Gebäuden der Universität kann man bis zu 30 Minuten kostenlos surfen. In der Bücherei des Lasipalatsi (Mannerheimintie 22–24, Mo–Do 10–20, Sa–So 12–18 Uhr) stehen mindestens 20 Online-Computer zur Verfügung. Viele große Hotels bieten ihren Gästen Zimmer mit Internet-Service. Dort kommt man mit eigenem Laptop häufig kostenlos ins Netz. Ansonsten stößt man in der Innenstadt an vielen Stellen auf Internetcafés.
Landeskennung: .fi

Finnland-Infos
www.visitfinland.de
Web-Site des Fremdenverkehrsamtes; aktuelle Artikel in Deutsch zu vielen touristischen Themen. Im Menü ›Regionen‹ findet man auch spezifische Infos zu Helsinki und Umgebung.

www.finland.de
Homepage der ›Brücke nach Finnland‹, gesponsert von der Deutsch-Finnischen Gesellschaft (DFG). Online-Landesnachrichten, Artikel über Reisen und Aktivitäten, dazu Anzeigen und Angebote von Reiseunternehmen, Ferienhaus-Vermietern und Vertreibern aller möglichen Finnland-Produkte.

www.finnland.de
Internet-Portal der Finnischen Botschaft in Berlin. Auch hier gibt es jede Menge brauchbare Vorab-Informationen zum Reiseziel, die den Vorteil haben, hochoffiziell zu sein.

Speziell zu Helsinki
www.hel2.fi
Homepage der Tourist Information Helsinki mit breitem Informationsangebot. Alle Artikel auch in deutschsprachiger Fassung. Detailliertere Infos bietet der 35-Seiten-Download »Helsinki-Stadtführer 2008« im PDF-Format.

www.helsinkiexpert.fi
Homepage der wichtigsten Reiseagentur Finnlands, die u. a. Reisen nach Estland und Russland im Programm hat, ebenso Ausflüge nach Lappland, auf Englisch. Online-Buchung von Unterkünften, Veranstaltungen, Pauschalarrangements und Helsinki Card (s. S. 15).

www.helsinkithisweek.fi
Englischsprachige Online-Ausgabe des Wochenkalenders mit aktuellen Hinweisen zu Veranstaltungen, Konzerten und Sehenswürdigkeiten, ebenso Angaben zu den jeweiligen Öffnungszeiten und Eintrittspreisen.

www.discoverhelsinki.com
Eine ähnlich strukturierte und ebenfalls englischsprachige Website: Shopping, Ausgehen, Cafés, Restaurants, Sehenswürdigkeiten.

www.hkl.fi
Homepage der Verkehrsbetriebe von Helsinki (auch auf Englisch), umfangreiche Infos zum Tarifsystem, Karten und Fahrpläne. Praktisch: Der »Guide to public transportation« im PDF-Format.

Wetter
www.fmi.fi/en
Englischsprachige Website mit 5-Tage-Wetterprognose und Wetterbedingungen in der Ostsee etc.

Terve

Am schönsten ist die Anreise von der Seeseite her, per Fähre. Schären und Inseln ziehen vorbei, dann die große Seefestung Suomenlinna, und schließlich breitet Helsinki mit zwei Halbinseln seine Arme aus. Der Marktplatz kommt näher, dahinter die ebenmäßige Front klassizistischer Bauten, und über allem thront der weiße Dom mit seinen fünf grünen Kuppeln. Unverwechselbar wie ihre Silhouette ist

tuloa

auch der Charakter dieser Mini-Metropole, die eine dynamische, aber nie hektische Atmosphäre auszeichnet. Die Kulturszene ist spannend und umfangreich, und im quirligen Design-Distrikt lockt eine Vielzahl von Bars, trendigen Clubs und angesagten Shoppingadressen. Kein Wunder, dass sich das ehemalige Aschenputtel des Nordens zur skandinavischen Boomtown mausern konnte.

Straßencafés in Helsinkis Zentrum

Willkommen

Tochter der Ostsee

Das schöne Bronzemädchen zwischen Esplanade und Marktplatz blickt lächelnd und veträumt aufs Meer. Havis Amanda heißt die Figur, und sie spiegelt eine Liebesbeziehung wider, nämlich die zwischen der Ostsee und der Stadt. Seehandel war es, dem Helsinki seine Entstehung verdankte, und mit der See zu tun hatten fast alle Meilensteine seiner Entwicklung. Nicht umsonst ziert ein bekröntes Boot das Stadtwappen. See und Stadt, Meer und Land sind keine Gegensätze in Helsinki. Die Grenzen sind im Wortsinn fließend. Das Land findet seine Fortsetzung in Hunderten von Archipelen, Inseln und Schären, manche dicht bewaldet, manche nur kahle Granitfelsen. Und die Ostsee wiederum greift mit vielen weit verzweigten Buchten tief in die Landfläche ein, schafft etliche Halbinseln und schenkt Helsinki vier vorzügliche Naturhäfen.

Blau, Weiß …

Bei gutem Wetter sieht man die Farben der finnischen Nationalflagge überall: Der typische nordische Himmel, hellblau mit seinen Wattewölkchen, der weiße Dom über dem tiefblauen Wasser des Hafens, oder an einem schönen Wintertag der Schnee unter wolkenlosem Himmel. Das Gelände ist leicht hügelig in Helsinki, immer wieder geht es auf eine Kuppe hinauf, von der aus man das Blau des Meeres, der Buchten und der Binnenseen in nahezu jeder Himmelsrichtung entdecken kann.

… und Grün

Die zweite Farbe, die Helsinki bestimmt, ist Grün. Der Kranz von Inseln trägt eine grüne Haube, und die vielen Parks in der Innenstadt berechtigen zur Vergabe des Etiketts ›naturnah‹. Es gibt in Helsinki nicht eine grüne Lunge, sondern Dutzende. Es ist möglich, um ganze Halbinseln zu wandern, ohne eine Autostraße überqueren zu müssen. Im riesigen Zentralpark Keskuspuisto fühlt man sich mitten in einer unberührten Naturlandschaft mit Wäldern, Seen und Flussläufen. Die durch Brücken mit Helsinki verbundenen Inseln Seurasaari, Korkeasaari und Mustikkamaa stellen riesige Grünflächen dar. Und an der Peripherie tragen selbst Neubausiedlungen Namen wie ›Gartenstadt‹. In Helsinki ist man stolz auf diesen grünen Charakter. Schon seit Langem gilt der Satz, dass auch in Zukunft immer mindestens 30 % des städtischen Areals unbebaut bleiben müssen. Natürlich wird durch die Parks der Freizeitwert der Stadt enorm gesteigert – 500 km Joggingwege, 950 km Radwege und 200 km Loipen beweisen das.

Großfähre im Hafen von Helsinki

Helle Nächte, dunkle Tage

Berühmt sind die hellen Nächte von St. Petersburg – aber ein Blick auf die Landkarte dürfte klar machen, dass die Verhältnisse in Helsinki nicht viel anders sein können. Tatsächlich wird hier, in der nördlichsten Hauptstadt der EU, der Himmel in Sommernächten nicht richtig dunkel. Eine unwirkliche Stimmung liegt über der Stadt, wenn um Mitternacht ihre Silhouette in Dämmerlicht getaucht ist, während kurz danach die Turmspitze des Doms schon wieder in der aufgehenden Sonne glitzert. So hell die Sommer, so dunkel sind die Winter in Helsinki – doch auch sie sind atmosphärisch und unvergleichlich. Z. B. beim Erleben des Weihnachtsmarkts auf der Esplanade. Oder bei einer Wanderung über die zugefrorene Ostsee!

Viele Gesichter

Als relativ spät gegründeter Ort verfügt Helsinki nicht über die architektonische Bandbreite mitteleuropäischer Metropolen. Es gibt weit und breit keine romanische Kirche und keine Mittelalter-Burg. Selbst aus der Renaissance, der Epoche der Schwedischen Stadtgründung, ist nichts erhalten. Die heutige Bausubstanz ist eigentlich erst das Resultat des Wiederaufbaus nach dem verheerenden Brand von 1808/09. Und trotzdem ist das Stadtbild nicht langweilig, sondern zeigt im Gegenteil viele Gesichter.

Am eindrucksvollsten sind wohl die Monumentalbauten, die man am Senatsplatz und in der Umgebung sieht. Hier nahm man sich die klassische Baukunst zum Vorbild, vermittelt über St. Petersburg. In unmittelbarer Nachbarschaft zeigen sich die verspielteren Formen des Jugendstils und der Nationalromantik, als Finnland zum ersten Mal zu einer eigenen Formensprache fand. Ganze Stadtteile wie Eira entstanden damals und prächtige Einzelgebäude wie das Nationalmuseum. Nach einem kurzen Aufflackern des Klassizismus (Reichstag) baute man in Helsinki seit den 1930ern deutlich nüchterner. Funktionalismus und Modernismus zogen ein und fanden in Alvar Aalto einen weltbekannten Meister. In den 60ern und 70ern änderte sich das Bild erneut, als Landmarken wie die Finlandia-Halle oder die Felsenkirche entstanden.

In jüngster Zeit sorgte der Bau des Kiasma-Museums für Aufsehen, auch der Kamppi-Komplex prägt Teile der Innenstadt. Doch das gewaltigste Facelifting fand und findet derzeit in den Vororten statt. In Ruoholahti etwa, wo ein völlig neuer Stadtteil aus dem Boden gestampft wurde. Oder in den modernsten Wohnbauprojekten von

Willkommen

Arabia und Vikki, wo der Hauptstadt im Wandel wieder spannende, neue Gesichter hinzugefügt werden.

Wirtschaftsstandort

Jedes vierte Landeskind wohnt im Großraum Helsinki. Hier gibt es die größten Universitäten, den wichtigsten Flughafen und die größte Pressekonzentration, hier werden die höchsten Löhne gezahlt und gibt es die wenigsten Arbeitslosen. Helsinki ist Industrie-, Versicherungs- und Bankenstandort Nummer eins, Zentrum von Forschung und Lehre. Geht es Helsinki gut, geht es dem Land gut, und tatsächlich wurde die finnische Erfolgsstory der letzten Jahre stark vom Motor Helsinki angetrieben. Die Großunternehmen der Elektronik- und Kommunikationsbranche, allen voran der Nokia-Konzern, haben ihren Hauptsitz und ihre Entwicklungsabteilungen in der Region angesiedelt. Und der dynamischen IT-Branche Finnlands, die allein 18 % aller Arbeitsplätze stellt, ist es zu verdanken, dass der Standort so boomt. Wirtschaftlicher Erfolg, gepaart mit politischer Stabilität, einer guten Infrastruktur, einer gebildeten Bevölkerung und einer sauberen Natur – kein Wunder, dass man Helsinki bei internationalen Vergleichsstudien regelmäßig unter den attraktivsten Städten der Welt wiederfindet.

Tourismus im Aufwind

Ein Kurztrip nach Helsinki ist schick geworden. Für die Esten sowieso, die mit dem Schnellboot aus Tallinn anreisen und vor Mitternacht wieder verschwunden sind. Auch Russen aus St. Petersburg oder Vyborg kommen in immer größerer Zahl. Seitdem Billigcarrier die Destination entdeckten, legte der Fremdenverkehr nochmals enorm zu. 2,6 Millionen Übernachtungen zählte man im letzten Jahr, davon entfielen 60 % auf Ausländer. Die Gäste kommen in erster Linie aus Großbritannien, Russland, Schweden, USA, Deutschland und Estland. Aber auch Ostasiaten machen sich im Stadtbild bemerkbar. Viele davon sind Touristen oder Geschäftsleute, die wegen der schnellen Finnair-Nordpol-Route aus Peking oder Tokio hier gelandet sind.

Der moderne Wohlfühl-Airport in Vantaa, nur 20 km außerhalb gelegen, ist aber nicht das größte Tor zur Welt, sondern die Häfen sind es. Hier laufen ständig Fähren ein, die meisten aus dem nahen Tallinn, aber auch aus St. Petersburg, Klaipeda, Visby, Stockholm, Mariehamn, Rostock, Lübeck und Travemünde kommen die Riesenpötte. Ein kleines, doch feines Tourismus-Segment sind die Kreuzfahrtschiffe, die in Helsinki festmachen. Mit 260 Anläufen jährlich, die rund 270 000 Tagesgäste in die Stadt bringen, zählt Helsinki zu einem der beliebtesten Kreuzfahrthäfen Europas. Steigende Zahlen ebenfalls bei den Kongressen – rund hundert sind es in jedem Jahr. Und auch sie bringen der Stadt gute Einnahmen und viele Besucher – jährlich etwa 30 000!

Kultur und Lifestyle

Vorbei die Zeiten, als Reisepläne nach Helsinki immer etwas mitleidig kommentiert wurden. Die finnische Hauptstadt galt als urig, aber wenig spannend, als ziemlich verschnarchte Mini-Großstadt, die außerdem fast schon im Ostblock lag. Geblieben ist Helsinki das Kompakte und Überschaubare, aber sonst hat sich fast alles verändert. Bewundernd spricht man vom finnischen Wirtschaftsboom, bescheinigt der finnischen Kultur Weltniveau und nennt speziell Helsinki als ganz heißen Tipp für

Willkommen

Shopping-Enthusiasten, Nachtschwärmer und Musikfans.

Von der wunderschönen Flaniermeile der Esplanade über die großen Einkaufszentren und Malls bis zu den hippen Läden im Design-Distrikt – die ganze Innenstadt wirkt wie ein großes Kaufhaus. Das Angebot ist riesig – kühl-elegante Möbel von Artek, traditioneller Schmuck, Stoffe von Marimekko, Artikel von Pentik, russische Ikonen, lappländischer Rentierschinken, baltischer Bernstein, oder quietschbunte, ausgefallene Produkte für die jüngere Kundschaft, all das und viel mehr findet man in einem Radius von wenigen hundert Metern.

Eine Stadt mit Anziehungskraft also, auch was die Gastroszene anbelangt. Die Lage zwischen Ost und West sorgt für das Nebeneinander von russischer und französischer Küche, die Lage zwischen Nord und Süd vereint lappländische Spezialitäten und mediterrane Tradition, und von der Lage am Meer profitieren die Fisch- und Seafood-Lokale. In den mehr als achthundert Restaurants wird so gut und so vielfältig gekocht wie nie zuvor, was dann auch schon mal mit zwei Michelin-Sternchen belohnt wird. Design, Küche und Konzept der Gaststätten sind so verschieden wie ihre Klientel – von lauschigen Biergarten-Pubs über Künstlerlokale und Edelgaststätten bis hin zu Hybridrestaurants, die die Funktionen von Café, Restaurant, Bar, Dancefloor und Wohnzimmer vereinen.

Auch zu später und sehr früher Stunde vibriert das Leben. Viele halten das Helsinkier Nightlife für das dynamischste in Skandinavien. In Trendlokalen und schicken Clubs trifft sich eine kunterbunte Szene, die von Viertel zu Viertel zieht und immer wieder neue Hot Spots entstehen lässt. Musikalisch wird eine enorme Vielfalt geboten – vom traditionellen finnischen Tango über Jazz bis zu Rock, Heavy Metal, Hip-Hop und House. Und im Musikverständnis der ganz jungen Nachtschwärmer gehören finnische Gruppen wie Eppu Normaali, Rasmus oder Him fast schon zum alten Eisen.

Helsinki in Zahlen

Stadtwappen: Ein schwimmendes Boot, darüber eine Krone.
Fläche: Stadtgebiet 686 km^2, davon 500 km^2 Wasserfläche, 186 km^2 Landfläche; Küstenlinie (Festland): 98 km; Inseln: 315.
Temperatur: Jahresmittel: 6,1 °C; wärmster Monat: Juli, Monatsmittel 20,2 °C; kältester Monat: Februar, Monatsmittel: -6,8 °C.
Bevölkerung: 569 000 Einwohner. Bevölkerungsdichte: 3060 Ew/km^2. 94,5 % sind Finnen, 5,5 % Staatsangehörige anderer Länder. Im Großraum leben 1 290 000 Menschen, bei 5,3 Mio. Einwohnern der ganzen Republik wohnt also fast jedes vierte Landeskind im Großraum Helsinki.
Sprache: finnischsprachig 86,2 %, schwedischsprachig 6,2 %, andere 7,6 %.
Religion: 72 % evangelisch-lutherisch, 2 % russisch-orthodox, 26 % nicht- oder andersgläubig.
Kultur und Bildung: 7 Hochschulen und Universitäten, 78 Museen.
Arbeit/Einkommen: Durchschnittl. Jahreseinkommen 28 213 € (in Finnland: 22 621 €). Arbeitslosenquote: 5,6 % (in Finnland: 6 %).

Geschichte

Statue des Zaren Alexander II. vor dem Dom

800–1100	Schwedische Wikinger (Waräger) lassen sich an der südfinnischen Küste nieder.
1155–1362	Durch drei Kreuzzüge und planmäßige Einwanderung wird Finnland im Mittelalter nach und nach zu einer schwedischen Provinz.
1550	Um dem wirtschaftlich starken Tallinn/Reval auf der anderen Seite des Finnischen Meerbusens Konkurrenz zu machen, gründet König Gustav Vasa Helsingfors – einige Kilometer vom heutigen Zentrum entfernt.
1640	Die sehr langsame Entwicklung von Helsingfors/Helsinki veranlasst die Schweden, die Stadt von der Mündung des Vanda-Flusses an ihre heutige Stelle zu verlegen.
1748	Das schwedische Reich beschließt angesichts der wachsenden Bedrohung durch Russland den Bau einer starken Seefestung – Sveaborg.
1808–09	Ein verheerender Brand legt Helsinkis alte Holzhaus-Bebauung in Schutt und Asche. Gleichzeitig verliert Schweden nach einjährigem Krieg seine Provinz Finnland an das Zarenreich. 1809 kapitulieren die schwedischen Truppen auf Sveaborg. Als russisches Großherzogtum wird Finnland weitgehend autonom.
1812	Zar Alexander I. ernennt Helsinki zur finnischen Hauptstadt – trotz einer Einwohnerzahl von damals nur wenig mehr als 3500.
1840	Der Neuaufbau von Helsinki geschieht nach Plänen der Architekten Johan Albrecht Ehrenström und vor allem des deutschstämmigen Carl Ludwig Engel. In nur wenigen Jahren nehmen die harmonischen, hellen Gebäude des bis heute unveränderten neoklassizistischen Zentrums Gestalt an.
1917	Nach der russischen Oktoberrevolution erlangt Finnland seine Unabhängigkeit und ruft sich zur Republik aus. Als Hauptstadt des neuen

Geschichte

Staates wird Helsinki bestimmt. Finnisches Militär zieht in die Festung Viapori ein, die man in Suomenlinna umtauft.

1918–19 Ein Bürgerkrieg zwischen den ›Roten‹ und den ›Weißen‹ entzweit das Land und fordert 20 000 Todesopfer. Das von den Bolschewisten gehaltene Helsinki wird von den Truppen unter Marschall Gustaf Mannerheim erobert.

1925–35 Arbeitersiedlungen wie Kallio entstehen, repräsentative Gebäude im Stil des Klassizismus und Funktionalismus werden errichtet.

1939–45 Drei Kriege (›Winterkrieg‹, ›Fortsetzungskrieg‹, ›Lappland-Krieg‹) gegen die Sowjetunion und schließlich gegen das Deutsche Reich führen zu bedeutenden Gebietsverlusten, zerstörten Städten und vielen Toten.

1945–50 Finnland muss für Hunderttausende von Flüchtlingen aus Karelien Wohnraum schaffen. Dabei entstehen die ersten Satellitenstädte um Helsinki. Ein Freundschafts- und Beistandsabkommen mit der UdSSR (1948) gibt Finnland eine Position zwischen Ost und West.

1952 Finnland richtet die Olympischen Sommerspiele aus, die im Wesentlichen in Helsinki stattfinden. Sportarenen und viele neue Hotels entstehen, die Infrastruktur bekommt neue Impulse, die Hauptstadt insgesamt ein neues Gesicht. Die sportbegeisterte Bevölkerung und die Organisation während der Spiele machen Helsinki in der Welt bekannt und kurbeln den Tourismus an.

1975 In der Finlandia-Halle findet die erste KSZE-Konferenz statt und endet mit der berühmten ›Schlussakte von Helsinki‹ (›Helsinki-Charta‹).

1990er Durch den Zusammenbruch des Ostens schlittert Finnland in die schwerste Wirtschaftskrise der Nachkriegszeit. Die Arbeitslosenquote steigt dramatisch auf über 20 %. Nach dem Beitritt des Landes zur Europäischen Union im Jahre 1995 bessert sich die Lage langsam.

2000 Zusammen mit acht anderen Metropolen ist Helsinki Kulturhauptstadt Europas. Das Ereignis, zeitgleich mit dem 450. Geburtstag der Stadt, wird begleitet von der Einweihung mehrerer neuer, das Stadtbild prägender Bauten.

2002 Finnland führt den Euro als Währung ein.

2006–08 Helsinki erlebt einen historischen Besucherrekord. Mehr als 2,6 Mio. Übernachtungen in den Jahren 2006 und 2007 bedeuten einen jährlichen Zuwachs von über 5 %. Im Jahre 2006 sieht die Statistik über ausländische Besucher erstmals die Deutschen an der Spitze.

Gut zu wissen

Der Elch, das Wappentier Finnlands, ist überall präsent

Alkohol

Stärkere alkoholische Getränke bekommt man außer in Lokalen und Restaurants mit allen Schankrechten nur in den staatlichen Alkoholläden (Alko), nicht also in Supermärkten oder an Kiosken. Durch den EU-Beitritt und die estnische Konkurrenz sind die Preise moderater geworden, liegen aber noch deutlich über deutschem Niveau.

Aussichten

Zwar gibt Helsinkis Topographie immer wieder Blicke frei auf weiter entfernte Stadtteile, über Meeresbuchten und zu markanten Gebäuden. Möchte man schöne Aussichten genießen, muss man aber trotzdem höher hinauf. Dazu böte sich der Turm des Olympiastadions an, leider ist er aber ziemlich weit von der Innenstadt entfernt und nur zu zwei Seiten offen. Außerdem wird der Panoramablick von Gitterstäben gestört. Viel besser ist es, einen Drink in der Ateljee-Bar des Hotels Torni (s. S. 34) zu nehmen oder ein Abendessen in den aussichtsreichen Restaurants des Vaakuna-Hotels (s. S. 34) oder des Savoy (s. S. 51). Spaziergänger kommen nahe des Observatoriums zu einer Terrasse mit weitem Blick zur Halbinsel Katajanokka und zur Domkirche hin. Und vom Plateau hinter der Uspenski-Kathedrale sieht man schön nach Norden und ins Zentrum. Sogar die Achterbahn des Linnanmäki-Vergnügungsparks (s. S. 97) ermöglicht einen weiten Blick – aber immer nur für kurze Zeit …

Fettnäpfchen

Wie in den anderen nordischen Ländern kommt man in Finnland mit Ellbogenmentalität nicht weit. Gegen Drängler und Vorpfuscher gibt es in vielen Läden, Banken, Apotheken und Institutionen Nummernapparate. Erst wenn die gezogene Nummer auf der Anzeige erscheint, ist man dran. Die Finnen gehören zu der eher zurückhaltenden Sorte Mensch. Es ist zumindest ungewohnt, wenn man in der Tram oder im Restaurant angesprochen wird. Wer dies tut, wirkt leicht aufdringlich. Im Kreis von Geschäftsleuten und Bankiers wird auf korrekte Kleidung Wert gelegt – auch beim ausländischen Gesprächspartner. Verpönt sind im Business-Alltag Kungelei oder gar Schmiergelder. Nicht umsonst steht Finnland an erster Stelle der internationalen ›Integritäts-Liste‹.

Feiertage

Arbeitsfrei sind 1. Jan. (Neujahr), 6. Jan. (Dreikönigstag), Karfreitag, Ostermontag, 1. Mai, Christi Himmelfahrt, Mittsommer (Freitag nach dem 21. Juni), Allerheiligen, 6. Dez. (Unabhängigkeits-

Gut zu wissen

tag) und 25. bis 26. Dezember (Weihnachten).

Outfit
In Finnland kleidet man sich eher locker als förmlich, und die Existenz berühmter Modefirmen oder eleganter Kleidung ist längst nicht zu allen durchgedrungen. In Helsinki darf man deshalb nicht ausschließlich schick angezogene Landeskinder erwarten, sondern die Bandbreite modischer Erscheinungsformen ist so wie in anderen mitteleuropäischen Metropolen. Auf den Straßen sieht man ebenso lässig-elegant wie absolut unmodisch oder schrill und hipp gekleidete Hauptstädter. Bei besseren Restaurants, in Nightclubs und bei manchen Diskotheken wachen Türsteher über passende Kleidung.

Preisniveau
Kein Tourist wird davon ausgehen, dass Finnland ein billiges Reiseland ist. Nach wie vor sind nicht nur alkoholische Getränke, sondern fast alle Artikel des täglichen Bedarfs deutlich teurer als in Deutschland. Und innerhalb Finnlands gilt Helsinki als besonders teures Pflaster. Beim Einkauf im Supermarkt, im Restaurant, bei Unterkünften aller Art und beim Museumsbesuch – immer muss man tief in die Tasche greifen. Das gilt auch für die Läden im Flughafen Vantaa und in den Fährterminals. Und die Hauptstädter selbst leiden unter den explosionsartig gestiegenen Miet- und Immobilienpreisen. Andererseits steht das Land unter beträchtlichem Preisdruck, vor allem durch das benachbarte Estland, sodass mittelfristig mit einer Angleichung zu rechnen ist.

Rauchen
Glaubt man den Kaurismäki-Filmen, könnte man meinen, alle Finnen seien Kettenraucher. Aber keine Sorge, es gibt Schutzgesetze für Nichtraucher. In Bussen, Bahnen, in der Metro und in Flugzeugen darf ebensowenig geraucht werden wie in Büros, Schulen, Universitäten, Lehranstalten, Markthallen, Krankenhäusern etc. Fast alle Hotels bieten Nichtraucher-Zimmer an oder sind komplett rauchfrei. In finnischen Gaststätten gilt ein generelles Rauchverbot, allerdings können Gastronomen spezielle, abgeschlossene Raucherzimmer einrichten, in denen nicht gegessen und getrunken werden darf.

Reisezeit
Helsinki ist das ganze Jahr über ein lohnendes Ziel. Natürlich versprechen sich Einheimische und Touristen vom Som-

---

Die Helsinki Card

Wirklich lohnend ist der Erwerb der Helsinki Card (www.helsinkicard.com), wenn man die finnische Hauptstadt intensiv kennen lernen möchte. Sie kostet für 24 Stunden 33 €, für 48 Stunden 43 € und für 72 Stunden 53 €. Verkaufsstellen sind u. a. das Fremdenverkehrsamt, Reisebüros und größere Hotels. Dafür hat man innerhalb des Stadtgebietes freie Fahrt in Bahnen, Bussen, Straßenbahnen, der Metro und der Suomenlinna-Fähre, freien Eintritt in ca. 50 Museen, freie Sightseeingtouren und andere Vergünstigungen, z. B. bis zu 20 % Rabatte bei ausgesuchten Restaurants. Wer auf Museumsbesuche, Innenbesichtigungen oder z. B. die Audio-Sightseeing-Tour keinen Wert legt, fährt allerdings mit einem Touristenticket der Verkehrsbetriebe günstiger.

Gut zu wissen

Hilfe für Touristen

Die Orientierung verloren? Keine Ahnung, wo das angesagte Lokal sein soll, dessen Namen man kennt, aber nicht die Adresse? Oder auf der Suche nach einem Insider-Tipp für den Abend? Gut, dass es in der Hauptstadt die rund zwanzig ›Helsinki Help‹ Touristenberater gibt, die von Juni bis August tgl. 8–20 Uhr auf den Straßen der Stadt unterwegs sind. Die sprach- und ortskundigen jüngeren Leute – meist Studenten – patrouillieren zu zweit und führen in ihren Rucksäcken Prospekte oder Stadtpläne mit sich. Man erkennt die ›Helsinki Help‹ an ihren grünen Uniformen.

mordet wird: Finnland ist ein ausgesprochen sicheres Reiseland. Und das gilt auch (noch) für seine Hauptstadt, bei allen Einschränkungen, die man bei einer europäischen Großstadt machen muss. Der Statistik nach jedenfalls lebt es sich in Helsinki deutlich ungefährlicher als etwa in Berlin oder Frankfurt. An Freitag- und Samstagabenden kann es wegen des hohen Alkoholkonsums allerdings manchmal ungemütlich werden, und im Gedränge auf dem Kauppatori ist schon die ein oder andere Handtasche abhanden gekommen. Äußerste Vorsicht gilt jedoch bei Abstechern in die baltischen Staaten und vor allem bei einem Besuch von St. Petersburg. Dort ist die Kriminalitätsrate in den letzten Jahren enorm gestiegen, gerade bei Delikten wie Straßenraub und Betrügereien.

mer am meisten, wenn man in den Seen baden und ständig draußen sitzen kann. Die ›Hellen Nächte‹, für die die große Nachbarin St. Petersburg so berühmt ist, gibt es auch hier, aber eher im frühen Sommer, von Anfang Juni bis Mitte Juli. Der Herbst mit seiner dramatischen Laubfärbung hat seine Reize, auch wegen des nun einsetzenden kulturellen Angebots. Die üppig illuminierte Weihnachtszeit wird leicht zum Wintermärchen, wenn denn Schnee liegt. Bei Dunkelheit und nass-kaltem Wetter aber besteht Gefahr, depressiv zu werden – Besserung versprechen Besuche in Museen, Konzerthäusern und Saunas. Der mitteleuropäische Frühling ist in Finnland der schönste Winter: kalt, schneesicher, trocken, hell.

Sicherheit

Auch wenn in Arto Paasilinnas irrwitzigen Romanen oder in den Krimis von Taavi Soininvaara nach Herzenslust ge-

Toiletten

Die Hauptstadt ist mit öffentlichen Toiletten gut ausgestattet, auch die Beschilderung ist durchaus gut (s. S. 69). Die Kabinen, die es an touristisch interessanten Stellen gibt, sind z. T. gebührenpflichtig, bei anderen – wie z. B. auf Suomenlinna – ist der Besuch gratis. Größere, saubere und meist auch kostenlose Toilettenanlagen findet man in den Fährterminals, im Kamppi-Komplex, im Bahnhof, auf der Sofiankatu und in einigen Einkaufspassagen, automatische WCs u. a. im Sibelius-Park und in der Markthalle (0,40 €).

Tram-Kneipe

Tram heißt die Straßenbahn in Helsinki, es ist ein sehr bequemes Verkehrsmittel für Touristen. Besonders toll: die zur Kneipe umfunktionierte knallrote Spårakoff, mit der man wichtige Sehenswürdigkeiten abfährt und dabei ein Bier trinken kann. Von Mitte Mai bis Mitte

Gut zu wissen

August beginnt die 60-minütige Tour zwischen 14 und 20 Uhr jeweils zur vollen Stunde an der Haltestelle Mikonkatu, aber auch an anderen Stationen kann man zu- oder aussteigen. Der Eintritt beträgt 7 €, ansonsten sind die Getränkepreise ortstypisch hoch (Bier: 5 €). Aber die Stimmung in der ›fahrenden Kneipe‹ ist gut und die Gäste kommen schnell ins Gespräch. Weitere Infos unter www.koff.net.

Trinkgeld
In Helsinki entfällt die lästige Pflicht, darüber nachzudenken, ob und wie viel man nach einer Dienstleistung als Trinkgeld hinterlässt. Die Finnen selbst sind in dieser Beziehung nämlich mehr als zurückhaltend. Wenn Sie trotzdem was geben möchten – der Empfänger freut sich in jedem Fall.

Tücken im Verkehr
Ausländischen Autofahrern zeigt sich Helsinki als ziemlich problemlos, trotz des in den letzten Jahren stark gestiegenen Straßenverkehrs. Selbst Parkplätze findet man auch im Zentrum in ausreichender Zahl, die Parkhäuser sind groß, sicher und nicht zu teuer. Wer ein paar Schritte nicht scheut, kann zentrumsnah sogar kostenlos parken – z. B. nahe dem Olympiastadion, an der Mechelininkatu im Westen oder südlich des Parks Kaivopuisto. Wer nach einer bestimmten Adresse sucht, hat's schwer, weil die Straßenbezeichnung mal auf Finnisch, mal auf Schwedisch, meist aber in beiden Sprachen erscheint. Die Wortungetüme sind im fließenden Verkehr kaum aufzunehmen. Weiter fällt auf, dass die Hauptstädter von allzu vielen Ampeln wohl nicht viel halten. In den Stadtteilen Runavuori und Eira gibt es völlig ampellose Knotenpunkte, an denen manchmal vier, fünf Straßen zusammenkommen und auch Busse sowie Trambahnen verkehren. Am späteren Abend halten sich manche jugendliche Autofahrer für Kimi Räikönnen persönlich und versuchen, Geschwindigkeitsrekorde zu brechen. Die aufgedrehten Motoren sind aber schon von Weitem zu hören, sodass man sich rechtzeitig in Sicherheit bringen kann.

Wetter
Das Wetter in Helsinki ist weit besser als sein Ruf. Dank des oftmals bestimmenden Kontinentalklimas gibt es deutlich weniger Niederschläge als etwa in Norwegen. Dafür sind aber die Temperaturschwankungen recht groß. Die Winter können extrem kalt sein, die Sommer dagegen angenehm warm. Wer zum Wintersport anreist, sollte wegen der möglichen tiefen Minusgrade arktistaugliche Spezialkleidung dabei haben.

Zeit
In Finnland gilt die Osteuropäische Zeit, die eine Stunde von der MEZ abweicht: Wenn es in Mitteleuropa 12 Uhr ist, zeigen die Uhren in Helsinki 13 Uhr. Auf Sommerzeit wird wie in der gesamten EU umgestellt.

Zweisprachigkeit
Das Land heißt ›Suomi‹ und ›Finland‹, die Stadt ›Helsinki‹ und ›Helsingfors‹: Das historisch begründete Nebeneinander von Schwedisch und Finnisch fällt gerade im Süden und in der Hauptstadt auf. Ob Theater oder Schulen, Straßen oder Stadtteile, Parkanlagen oder Institutionen – immer gibt es neben der finnischen auch eine schwedische Ausgabe. Das muss man wissen, wenn man eine bestimmte Adresse sucht, denn auch die Straßennamen auf Schildern und in Plänen sind mal in dieser, mal in jener Sprache aufgeführt.

Sprachführer

Finnisch gehört nicht zu den indoeuropäischen Sprachen. Vokabular, Sprachsystem – all das ist himmelweit von allen germanischen, romanischen oder slawischen Sprachen entfernt. Der Normaltourist, der in eine finnische Zeitung oder auf eine rein finnische Website schaut, versteht also immer nur ›rautatieasema‹ (= Bahnhof).

Trotzdem gibt es auch Positives: Erstens werden fast alle Buchstaben wie im Deutschen ausgesprochen – Ausnahmen: s ist immer stimmlos, v hat immer den Lautwert w und und h wird nach Vokalen gehaucht (lahti = lachti; Bucht). Zweitens liegt die Betonung immer auf der ersten Silbe (also: Hélsinki, Róvaniemi). Und wenn man kein Finnisch kann: zumindest bei jüngeren Finnen darf man stets gute Englischkenntnisse voraussetzen.

Allgemeines

Alles Gute kaikkea hyvää
Außer Betrieb ei käytössä
Auf Wiedersehen näkemiin
Danke/Bitte sehr kiitos
Entschuldigung anteeksi
Geschlossen suljettu
Geöffnet avoinna
Guten Abend hyvää iltaa
Guten Morgen hyvää huomenta
Guten Tag hyvää päivää
Hallo hei
Ja kyllä
Nein ei
Tschüss moi moi
Verboten kielletty

Zeitangaben

Montag maanantai (ma)
Dienstag tiistai (ti)
Mittwoch keskiviikko (ke)
Donnerstag torstai (to)
Freitag perjantai (pe)
Samstag lauantai (la)
Sonntag sunnuntai (su)
Monat kuukausi
Januar tammikuu
Februar helmikuu
März maaliskuu
April huhtikuu
Mai toukokuu
Juni kesäkuu
Juli heinäkuu
August elokuu
September syyskuu
Oktober lokakuu
November marraskuu
Dezember joulukuu
heute tänään
morgen huomenna
täglich joka päivä
Sommer kesä
Winter talvi

Zahlen

1	yksi	19	yhdeksäntoista
2	kaksi	20	kaksikymmentä
3	kolme	30	kolmekymmentä
4	neljä	40	neljäkymmentä
5	viisi	50	viisikymmentä
6	kuusi	60	kuusikymmentä
7	seitsemän	70	seitsemänkymmentä
8	kahdeksan	80	kahdeksankymmentä
9	yhdeksän	90	yhdeksänkymmentä
10	kymmenen	100	sata
11	yksitoista	200	kaksisataa
12	kaksitoista	1000	tuhat
13	kolmetoista		
14	neljätoista		
15	viisitoista		
16	kuusitoista		
17	seitsemäntoista		
18	kahdeksantoista		

Im Notfall/Krankheitsfall
Apotheke apteeki
Arzt lääkäri
Erste Hilfe ensiapu
Hilfe! apua!
Krankenhaus sairaala
Polizei poliisi
Unfall onnettomuus
Zahnarzt hammaslääkäri

Unterwegs
Ankunft saapuvat
Ausgang ulos
Auskunft neuvonta
Badestrand uimaranta
Bahn, Eisenbahn rata
Bahnhof rautatieasema
Bundesstraße valtatie
Bus bussi
Eingang sisään
Fahrkarte matkalippu
Fahrrad polkupyörä
Flughafen lentoasema
Fußgänger jalankulkijoille
Gepäck matkatavara
Hafen satama
Haltestelle pysäkki
Information opastus
Insel saari
Landstraße maantie
Linienbus linja-auto
Marktplatz kauppatori
Stadt kaupunki
Strand, Ufer ranta
Straße katu
Tankstelle bensiiniasema
Zentrum keskusta

Unterkunft
Bad kylpy
Bett sänky
Campingplatz leirintä
Doppelzimmer kahden hengen huone
Dusche suihku
Einzelzimmer yhden hengen huone
Hotel hotelli
Jugendherberge retkeilymaja
Kinderbett lastensänky
Nichtraucher tupakoimaton
Raucher tupakoitsijoile
Zimmer huone

Die wichtigsten Sätze

Ich spreche kein Finnisch. Minä en puhu suomea.
Sprechen Sie Deutsch/Englisch? Puhutko sinä saksaa/englantia?
Was heißt ... auf Finnisch? Mitä on ... suomeksi?
Wie komme ich nach ...? Kuinka pääsen ...?
Welchen Bus/Welche Straßenbahn muss ich nehmen? Millä bussilla/raitiovaunulla minun täytyy mennä?
Muss ich hier aussteigen? Onko tämä oikea pysäkki?
Wo bekommt man die Karten? Mistä saa matkaliput?
Was kostet das? Mitä tämä maksaa?
Ich möchte ein Einzelzimmer/Doppelzimmer Haluan yhden hengen/kahden hengen huoneen.
Ich brauche dringend einen Arzt. Tarvitsen välttämättä lääkäriä.
Wo ist die Sauna? Missä on sauna?
Haben Sie ...? Onko teillä ...?
Die Rechnung bitte! Voinko saada laskun!

Reise-Infos

Auskunft

in Deutschland
Finnische Zentrale für Tourismus
Lessingstraße 5
D-60325 Frankfurt
Tel. 069 50 07 01 57
www.visitfinland.de

in Helsinki
City Tourist Office (H 5)
Pohjoisesplanadi 19, 00100 Helsinki,
Tel. 09 31 01 33 00
www.hel.fi
Mai bis Sept. Mo–Fr 9–20, Sa, So 9–18,
sonst Mo–Fr 9–18, Sa, So 10–16 Uhr

Kompassi – Youth Information Centre (G 5)
Malminkatu 28, 00099 Helsinki
Tel. 09 31 08 00 80
www.kompassi.info
Mo, Mi, Do 12–19, Di, Fr 12–16 Uhr
Info-Zentrum mitten in der City (im rückwärtigen Bereich des Kamppi-Komplexes), das sich an alle Einheimische und Besucher zwischen 13 und 25 Jahren wendet. Vor Ort oder auf der Website viele Hinweise zu Attraktionen, günstigen Unterkünften, Szene-Treffs, Events, Universitätsangeboten, Sprachschulen oder Internet-Cafés.

Touristenmagazine
Helsinki für Sie
Fremdenverkehrsprospekt der Stadt Helsinki in deutscher Sprache, mit Stadtplänen, vielen Adressen und Infos zu Themen wie Unterkunft, Einkaufen, Restaurants, Verkehr, Nachtleben, Kultur, erscheint jährlich und kostenlos.
Helsinki this week
Englischsprachiger Veranstaltungskalender, Liste aller Sehenswürdigkeiten mit Eintrittspreisen und aktuellen Öffnungszeiten, brauchbare Stadtpläne, viele Hintergrund-Infos, erscheint achtmal jährlich, kostenlos. Im Web über: www.helsinkiexpert.fi

Einreise

Besucher aus EU-Ländern sowie aus Skandinavien und der Schweiz benötigen für die Einreise nur einen gültigen Personalausweis. Die Aufenthaltsdauer ist auf drei Monate für ganz Skandinavien begrenzt. Wer länger bleiben möchte, muss eine Aufenthaltserlaubnis beantragen.
Zollbestimmungen: Waren zum persönlichen Gebrauch können EU-Bürger zollfrei mitführen; bis zu 800 Zigaretten, 90 l Wein, 10 l Schnaps sind daher frei. Für Schweizer Bürger (und für Duty-Free-Waren) gelten jedoch die alten Grenzen: 200 Zigaretten und 1 l Spirituosen über 22 % Alkohol.

Anreise

... mit dem Flugzeug
Von allen großen deutschen Flughäfen bestehen häufige Direktverbindungen zum **Airport Helsinki-Vantaa,** rund 20 km nördlich des Zentrums gelegen. Nach Vantaa fliegt die nationale Fluggesellschaft Finnair (www.finnair.com) mehrmals pro Woche ab Hamburg, Düsseldorf, Berlin, Frankfurt/M., München, Wien und Zürich. Auch die Lufthansa (www.lufthansa.de) und SAS (www.scandinavian.net) bedienen die Destination.

In letzter Zeit ist Helsinki zudem Ziel einiger Billig-Carrier geworden, u. a.

Germanwings (www.germanwings.com) ab Köln-Bonn und Blue1 (www.blue1.com) ab Hamburg und Berlin. Branchenführer Ryan Air (www.ryanair.com) fliegt von Deutschland direkt nach Tampere, wegen der weiten Entfernung zur Hauptstadt ist diese Verbindung aber für einen Kurztrip nach Helsinki nicht zu empfehlen.

Vom Flughafen in die Stadt
Alle großen internationalen **Autovermieter** sind am Airport vertreten.

Die **Buslinie 615** verkehrt nach festem Fahrplan zwischen dem Flughafen und dem Hauptbahnhof: der preiswerteste (3 €), aber auch zeitaufwendigste Transfer. Auf gleicher Strecke mit Zwischenstopp am Scandic Continental ist von 5 bis 1 Uhr etwa alle 20 Minuten ein **Finnair-Bus** unterwegs. Die Fahrtzeit beträgt 30 Min., der Preis 5,90 €.

Taxis sind ausreichend vorhanden, die Strecke bis zum Stadtzentrum Helsinki kostet rund 32 €. Preisgünstiger ist ein **Sammeltaxi,** das mit Festpreisen bestimmte Hotels anfährt (ca. 22 €, www.airporttaxi.fi).

… mit Auto/Fähre
Angesichts der Entfernungen und der Fahrtdauer der Fähren ist eine Anreise per Auto für einen Kurzurlaub kaum sinnvoll. Wer in einem etwas längeren Urlaub Helsinki per Fähre erreicht, tut das normalerweise per Direktfähre aus Deutschland oder via Schweden.

Am bequemsten und schnellsten ist die Fährverbindung Rostock–Helsinki, die es auf dieser Route seit 2007 von **Tallink Silja** gibt. Die Reederei bedient die Strecke ganzjährig, eine Fahrt dauert nur 24 Stunden.

Auch die Frachtschiffe der **Finnlines** bieten einer begrenzten Zahl von Passagieren samt Fahrzeugen eine Überfahrt ab Travemünde. Besonders komfortabel geht es auf den Schiffen MS Finnstar und MS Finnmaid zu, die seit 2006 im Einsatz sind.

Für die, die die **Schweden-Route** wählen, sind die Silja- und Viking-Fähren am interessantesten, die Stockholm in 14 Stunden mit Helsinki (z. T. via Mariehamn) verbinden.

Weitere Infos in den Reisebüros oder bei den Reedereien:
Finnlines: Zum Hafenplatz 1
23570 Lübeck-Travemünde
Tel. 04502 805 43
www.finnlines.de
Tallink Silja: Zeißstr. 6
23560 Lübeck
Tel. 0451 589 92 22
www.tallinksilja.com
Stena Line: Schwedenkai 1
24103 Kiel
Tel. 01805 91 66 66
www.stenaline.de
Viking Line: Beckergrube 87
23552 Lübeck
Tel. 0451 38 46 30
www.vikingline.de

… mit dem Kreuzfahrtschiff
Mit rund 260 Anläufen pro Jahr ist Helsinki fester Bestandteil der meisten Kreuzfahrt-Routen durch die Ostsee, fast immer als Station von/nach Tallinn, St. Petersburg oder Stockholm. Die meisten Kreuzfahrtschiffe legen an der **Halbinsel Katajanokka** an (J/K 5). Von dort aus sind Markt und Senatsplatz bequem zu Fuß zu erreichen, für etwas weiter entfernte Ziele nimmt man am besten die Tram-Linie 4/4T oder den Bus 13.

Reise-Infos

Geld

Landeswährung ist der Euro. Alle gängigen **Kreditkarten** werden in Hotels, Restaurants, Museen, Geschäften etc. angenommen. Geldautomaten für EC/Maestro-Karten und Kreditkarten findet man vor Banken, am Flughafen, am Haupt- und Busbahnhof sowie in Fußgängerzonen. Die meisten haben eine Sprachauswahl mit Englisch und Deutsch.

Wer Bargeld tauschen muss, kann das außer in Banken in **Wechselstuben** tun, die längere Öffnungszeiten haben, z. B. im Flughafen Vantaa tgl. 6.30–23 Uhr, an den Fährterminals nach Ankunft oder vor Abfahrt. Günstige Wechselkurse hat Forex, u. a. im Hauptbahnhof, tgl. 8–21 Uhr.

Wechselkurs zum Franken:
1 Euro = 1,62 CHF (August 2008)

Preisermäßigungen

In vielen Fällen gibt es Preisnachlässe für Studenten mit internationalem Studentenausweis. In den Genuss der deutlichsten Preisermäßigungen kommen Kinder, vor allem bei Transportunternehmen wie Bussen, Bahnen, Fähren und Fluggesellschaften. Auch bei Sonder- und Paketangeboten (z. B. Helsinki Card, s. S. 15) zahlen Kinder nie den vollen Preis. Bei den Unterkünften gewähren viele Hotels einzelnen Kindern die kostenlose Übernachtung im Zimmer der Eltern. Noch besser ist das breite Angebot an Familienzimmern, nicht zuletzt auch bei den Jugendherbergen und Hostels. So gut wie alle Restaurants offerieren ein eigenes Kindermenü (*lastenannokset* oder *lapsille*) oder eine kleine Portion eines Hauptgerichtes. Bei Eintritten gibt es selbstverständlich Kinderermäßigungen, es passiert aber leider noch viel zu selten, dass der Eintritt für die kleinen Gäste gratis ist – bei den sehr hohen Eintrittspreisen in Finnland ein wichtiger Kostenfaktor.

Gesundheit

In medizinischen Notfällen wenden sich Ausländer am besten an die Universitätsklinik im Krankenhaus Meilahti (Haartmaninkatu 4, Tel. 47 11). Auch in den Ärztezentren Lääkärikeskus Mahiläinen (Runeberginkatu 47 A, Tel. 42 66) und im Krankenhaus Maria sairaala (Mechelininkatu 1, Tel. 47 16 34 66) ist i. d. R. englischsprachiges Personal.

In weniger akuten Fällen wendet man sich an das nächste Medizinische Zentrum (*terveysasema*). Jeder Arztbesuch kostet 11 €. Alle weiteren Behandlungskosten trägt der ausländische Patient zunächst selbst, kann sie sich aber später gegen Vorlage einer Quittung von der heimischen Krankenkasse erstatten lassen (Sozialversicherungsabkommen zwischen Deutschland, Österreich und Finnland).

Apotheken

Apotheken heißen *Apteekki*. Eine Apotheke auf der Mannerheimintie 5 ist tgl. 7–24 Uhr geöffnet, die Yliopiston Apteekki (Mannerheimintie 96, Tel. 0203 202 00) Tag und Nacht. Der Medikamentenverkauf wird in Finnland sehr streng gehandhabt, viele Präparate bekommt man nur auf Rezept eines inländischen Arztes. Deshalb: Wer auf Medikamente angewiesen ist, sollte sie am besten in genügender Menge von zu Hause mitbringen.

Notfall

Gebührenfreier allgemeiner **Notruf:** Tel. 112 (Polizei, Notarzt, Feuerwehr) **Polizei** in Helsinki: Tel. 09 100 22 24-Stunden-Hotline für **medizinische Notfälle:** Tel. 09 100 23

Fundbüro
Fundbüro der Polizei
Päijänteentie 12A, 3. Etage,
Tel. 09 189 31 80, Mo–Fr 8–16.15 Uhr.
Suomen löytötavarapalvelu
(Fundbüro für öffentliche Verkehrsmittel und Flughafen): Kauppiaankatu 8, Tel. 0600 410 06, Mo–Fr 9–18 Uhr

Diplomatische Vertretungen
Deutsche Botschaft
Krogiuksentie 4, 00340 Helsinki
Tel. 09 45 85 80
www.helsinki.diplo.de

Österreichische Botschaft
Unioninkatu 22, 00130 Helsinki
Tel. 09 681 86 00, Fax 09 66 50 84
helsinki-ob@bmeia.gv.at

Schweizer Botschaft
Uudenmaankatu 16 A, 00120 Helsinki
Tel. 09 622 95 00
eda.admin.ch/helsinki

Öffnungszeiten

Banken: Mo–Fr 9.15–16.15 Uhr
Geschäfte: Mo–Fr 9–18, Sa 9–14 Uhr, Shopping Center sind i. d. R. Mo–Fr 9–21, Sa 9–18 Uhr geöffnet.

Post/Porto

Das Hauptpostamt befindet sich nahe dem Bahnhof an der Elielinaukio 2F, es ist Mo–Fr 7–21, Sa–So 10–18 Uhr geöffnet. Das Porto beträgt derzeit für Briefe und Postkarten bis 20 g 0,65 €.

Telefonieren

Im Nokia-Land Finnland ist das Telekommunikationssystem auf dem neusten Stand, Handys sind so weit verbreitet wie nirgends sonst. Auf dem privatisierten Markt konkurrieren mehrere Firmen, wobei die finnische **Tele** am stärksten ist. Gewöhnungsbedürftig: Die Konkurrenz hat z. T. eigene Telefonzellen mit eigenen Telefonkarten – so etwa die **Finnet-Gruppe** (Finnet-Yhtiöt).

Die meisten **Telefonzellen** sind Kartentelefonzellen – zu erkennen an der Aufschrift ›Kortti‹. Die dazugehörigen Telefonkarten *(puhelukortti)* erhält man in R-Kiosken, Tele Shops und den Rezeptionen größerer Hotels. Telefonzellen mit der Aufschrift ›Card Phones‹ akzeptieren auch alle gängigen Kreditkarten.

Die **Landesvorwahl** von Finnland ist 00 358, dann kommt die Ortsvorwahl ohne die 0. **Helsinkis Ortsvorwahl** ist 09. Da sich mehrere Telefongesellschaften den finnischen Markt teilen, gibt es bei **Auslandsgesprächen** unterschiedliche Vorwahlnummern: Beim Marktführer Tele wählt man zuerst die 990, in Telefonzellen der Finnet wählt man hingegen die 999. Inzwischen funktionieren Auslandstelefonate mit all diesen Präfixen, allein die Tarife differieren leicht. Hinter dem Prä-

Reise-Infos

fix wählt man in jedem Fall die jeweilige Ländernummer: Deutschland 49, Österreich 43, Schweiz 41, dann die Ortsvorwahl ohne 0. Im Zweifel hilft die Auskunft unter Tel. 02 02 02 oder 118.

Unterwegs in Helsinki

... mit Bus, Tram und Metro

Helsinki besitzt ein gut ausgebautes und zuverlässiges Nahverkehrsnetz mit Bussen, Tram, Metro und Lokalfähren. Die Tarife sind entfernungsabhängig.

Innerhalb der City fährt man mit Bus und Metro eine Stunde lang für 2,20 € (Kinder: 1,10 €) bzw. für 2 € mit der Tram.

Der wichtigste Verkehrsknotenpunkt für den innerstädtischen Busverkehr ist der **Busterminal Kamppi,** der wenige Schritte vom Hauptbahnhof entfernt jenseits der Mannerheimintie liegt. Er ist nicht nur hypermodern, sondern mit täglich rund tausend Busabfahrten auch einer der lebhaftesten Europas. Aktuelle Fahrpläne, Tarife und sonstige Infos unter 010 01 11 oder www.ytv.fi bzw. www.hkl.fi.

Einzeltickets erhält man in Bussen und Straßenbahnen beim Fahrer oder bei den Verkaufsstellen der Verkehrsbetriebe (u. a. Hauptbahnhof, Metrostationen, Busbahnhof) und in den R-Kiosken. Wer den öffentlichen Nahverkehr ausgiebig nutzen möchte, sollte sich 10er-Karten (vor Fahrtantritt im Fahrscheinentwerter abstempeln!) oder die HKL-Touristenkarte (›HKL:n matkailijalippu‹) besorgen, die für 1 Tag (Erw. 6 €), 2 Tage (Erw. 12 €) oder 5 Tage (Erw. 18 €) gültig ist. Die HKL-Touristenkarte bekommt man im Fremdenverkehrsamt, am HKL Service Point im Hauptbahnhof und in der Metrostation Itäkeskus. Auch an Ticketautomaten kann man Touristenkarten ziehen, während Busfahrer nur 1-Tages-Tickets verkaufen. Touristenkarten gibt es in erweiterter Form auch für die Gemeinden Espoo, Vantaa und Kauniainen (regionale Touristenkarte, 1 Tag 10 €, 3 Tage 20 €, 5 Tage 30 €). Inhaber der Helsinki Card haben in allen öffentlichen Verkehrsmitteln freie Fahrt. **Achtung:** Es wird kontrolliert, und Schwarzfahrer haben keinen Touristen-Bonus. Die Strafgebühr beträgt 60 € plus den Preis einer Einzelfahrkarte.

... mit dem Leihwagen

Angesichts der kurzen Entfernungen und des guten öffentlichen Nahverkehrs macht eine Stadterkundung mit dem Leihwagen wenig Sinn – von den Kosten ganz abgesehen. Für einen Ausflug in die Umgebung könnte man aber einen Mietwagen in Erwägung ziehen.

Stationen der internationalen Autoverleiher gibt es am Flughafen, die Hauptfilialen findet man in Helsinki oder in Espoo.

Avis, Lautamiehentie 3, Espoo,
Tel. 09 85 98 41
Budget, Malminkatu 24, Helsinki,
Tel. 09 685 65 00
Europcar Interrent,
Hitsaajankatu 7 C, Helsinki,
Tel. 09 75 15 53 00
Hertz, Ilmalankuja 2 N, Helsinki,
Tel. 09 166 71 21, Fax 09 16 67 14 44.

... mit dem Taxi

Taxis sind in Helsinki ausreichend vorhanden und an Verkehrsknotenpunkten an Taxiständen zu finden. Telefonisch bestellt man einen Wagen unter Tel. 01 00 07 00. Für die Strecke vom Stadtzentrum bis zum Flughafen Vantaa (ca. 30 km) zahlt man etwa 32 €.

Radfahren/Fahrradverleih

Wer Helsinki per Rad erkunden möchte, muss keine organisatorischen Klimmzüge machen noch tief in die Tasche greifen. Im Sommer stehen nämlich 300 City-Bikes zur Verfügung, deren Benutzung kostenlos ist. Die grünen, leicht erkennbaren Räder findet man u. a. am Hauptbahnhof oder am Kauppatori. Mit einer 2-Euro-Münze leiht man sie wie einen Einkaufswagen aus, die Pfandgebühr bekommt man bei Abgabe dann wieder zurück. Helme kann man im Jugendsali neben dem Fremdenverkehrsamt auf der Esplanade leihen – ebenfalls gratis.

Stadtrundfahrten

Ganzjährig bietet Helsinkiexpert unterschiedliche Bus-Rundfahrten an, u. a. eine **Audio City Tour** (auch in deutscher Sprache) und eine **Guided City Tour** (in Englisch). Auch multilinguale Rundgänge – geführt meist von engagierten Studenten – organisiert diese Agentur.
Helsinkiexpert, neben Tourist Information Helsinki, Tel. 09 22 88 16 00, www.helsinkiexpert.fi

Das Unternehmen Arch-Tours bietet **Rundgänge** zu Themen wie ›Das neue Helsinki‹, ›Die Festung Suomenlinna‹, ›Die Stadt des Designs‹ und ›Die Top Ten der finnischen Architektur‹ an. Geführt werden die Touren von Architekten, in englischer oder auch deutscher Sprache.
Arch-Tours
Pohjoinen Hesperiankatu 13 B 17, 00260 Helsinki, Tel. 09 477 73 00, www.archtours.fi

Im Juni und Juli gibt es Rundfahrten durch das historische Zentrum mit einem **offenen Doppeldeckerbus** der Firma Open Top Tours.

In der Hauptsaison kann man sich an der Esplanade auch von einer **Pferdekutsche** chauffieren lassen.

Ausflugsboote

Außer den (billigeren) städtischen Fähren nach Suomenlinna starten den ganzen Sommer über in kurzen Intervallen Ausflugsboote und Wasserbusse u. a. nach Suomenlinna, zum Zoo, nach Tapiola, in den Schärengarten, zu den vorgelagerten Inselchen und zu weiter entfernten Zielen wie Loviisa, Porvoo, Tammisaari und Hanko.

Die meisten Boote legen am Kauppatori-Platz ab, aber es gibt viele weitere Verbindungen von den Anlegern in Ruoholahti (nahe der Ex-Nokia-Kabelfabrik Kaapelitehdas), Kaivopuisto und Eira (nahe dem Café Carusel und dem Café Ursula), am Olympiakai und am Hakaniemi-Platz.

Sehr lohnende Ganztagesausflüge finden von Mitte Mai bis Mitte Sept. mit dem **Dampfer ›J. L. Runeberg‹** statt. Der Oldtimer lief 1912 vom Stapel und wird für Lunch Cruises z. B. zum Herrenhaus Haikko oder nach Porvoo (60 bzw. 41 €, jeweils mit Essen) eingesetzt. Außer Porvoo ist auch Loviisa ein Ausflugsziel der ›Runeberg‹. Im Juli und August stehen interessante Oldtimer-Zug/Dampfer Kombinationen nach Porvoo oder Kombinationen mit dem Fahrrad oder dem Bus auf dem Programm. Startpunkt der Touren ist am Kauppatori gegenüber dem Präsidentenpalais. Weitere Infos:
Tel. 019 524 33 31,
www.msjlruneberg.fi

Zu Gast

Wo übernachtet man preisgünstig und wo bettet man sich luxuriös? Wo isst man gut und günstig, und wo kommt Exquisites auf den Teller? Welches Café liegt am Wasser und welche Clubs sind gerade angesagt? Wo gibt's finnisches Design? Und wo kommt man in der Hauptstadt in eine Sauna? Dieser Helsinki-Führer gibt Ihnen nützliche Tipps und ausgewählte Adressen an die Hand, damit Ihre Reise

Helsinki

zu einem Erlebnis wird. Die große Extra-Karte hilft bei der Orientierung, denn die Koordinatenangaben bei allen Adressen ersparen langes Suchen. Und die Sehenswürdigkeiten, Hotels und Restaurants sind auf der Karte besonders hervorgehoben. Wer Helsinki schließlich aus nicht ganz gewöhnlichen Perspektiven kennen lernen möchte, sollte sich von den fünf Touren ab Seite 106 leiten lassen.

Übernachten

Prachtvoller Bau der Jugendstil-Epoche: Hotel Torni

Wo man sparen kann

Die finnischen Übernachtungspreise sind hoch. Und die von Helsinki liegen nochmals deutlich über dem Landesdurchschnitt. Damit die Reisekasse nicht gesprengt wird, sucht man nach Mitteln und Wegen, um halbwegs günstig zu nächtigen.

Eine Idee ist, den teuren Innenstadtbereich zu meiden. Die Hotels an der Peripherie, insbesondere in Espoo und in Vantaa, sind deutlich billiger als die in der City. Und die Anbindung an das öffentliche Verkehrsnetz ist meist vorzüglich. Eine andere Sparidee ist, auf den Komfort der internationalen Hotelketten ganz zu verzichten und auf eine der Jugend- und Familienherbergen (Finnhostels) zurückzugreifen, von denen es allein in Helsinki acht gibt – davon sind fünf ganzjährig geöffnet. Sie haben einen sehr unterschiedlichen Standard, sind aber i. d. R. mit Selbstbedienungsküchen, Frühstücksraum oder Café sowie Familienzimmern gut ausgestattet. Eine Altersbegrenzung besteht nicht, ebensowenig gibt es Sperrstunden. Es muss auch kein Jugendherbergsausweis vorgelegt weden, damit ermäßigen sich die Preise nur um ca. 2 € pro Tag. Die Unterbringung erfolgt nur zum Teil in Mehrbettzimmern bzw. Schlafsälen, stattdessen gibt es Einzel-, Doppel- und Familienzimmer fast schon mit Hotelstandard. Infos zu allen Häusern bei:

SRM-Hostel Booking Center, Yrjönkatu 38, 00100 Helsinki, Tel. 09 565 71 50, www.srmnet.org.

Auf Rabatte achten

Wer trotz eines nicht allzu üppigen Budgets zentral wohnen und keine Abstriche beim Komfort machen möchte, sollte sich auf den Hotel-Websites oder auch beim Hotelbuchungszentrum nach den Rabatten erkundigen, die phänomenal sein können, vor allem an Wochenenden (s. S. 33). Hotelrabatte bekommen auch die Nutzer von Fähr- und Fluglinien eingeräumt, die mit bestimmten Hotelketten kooperieren – schon bei der Buchung auf solche Angebote achten.

Nervenstarke können schließlich versuchen, vor Ort an der Rezeption Preisnachlässe auszuhandeln. Aber Vorsicht: in den Sommerferien und bei Großereignissen wie Messen oder Sportveranstaltungen ist die Nachfrage manchmal höher als das Angebot – am Ende steht man ohne jede Unterkunft da.

Keine Sterne, hoher Standard

Eine überprüfte und allgemein gültige Kategorisierung der Unterkünfte nach Sternen gibt es in Finnland nicht. Nach dortiger Auffassung ist der Hotelstan-

Übernachten

dard generell so hoch, dass ein solches System überflüssig sei. Tatsächlich verfügen nahezu alle Zimmer in Unterkünften oberhalb der Kategorie Jugendherbergen und Hostels über Dusche/WC und TV. Auch eine hoteleigene Sauna gehört zum Standard. Das Frühstück gibt es als reichhaltiges Buffet, und Gäste-PC sowie Internet-Zugang kann man ebenfalls in den meisten Herbergen erwarten.

In diesem Buch erfolgt die Zuordnung der Hotels deshalb auch nicht nach Sternen, sondern nach Preisgruppen von Low Budget bis Luxus – nach bestem Wissen und nach den veröffentlichten Preisen für individuelle Buchungen von Doppelzimmern (DZ) an Werktagen inklusive Frühstücksbuffet.

Zimmervermittlung
Hotel Booking Centre
Railway Station, 00100 Helsinki
Tel. 09 228 14 00
www.helsinkiexpert.fi
Mo–Fr 9–18, Sa 9–17, im Sommer
Mo–Fr 9–19, Sa 9–18, So 10–18 Uhr
Das zentrale Buchungszentrum für Hotels und andere Unterkünfte im Großraum Helsinki.

Low Budget und günstige Hotels

Academica Summer Hostel (F 5)
Hietaniemenkatu 14, 00100 Helsinki
Tel. 09 13 11 43 34
www.hostelacademica.fi
Bus 24
DZ 65–70 €
Das ›Sommerhostel‹ ist eigentlich ein Wohnheim für Akademiker, das während der Sommermonate (1. Juni bis 1. September) in eine Herberge für Besucher umgewandelt wird. Es bietet eine breite Palette an Unterkünften: Schlafsäle für Männer und Frauen (23 €/Pers.), Einzel-, Doppel-, 3-Bett- und 4-Bett-Zimmer, alle mit Du/WC und Kitchenette, in einem älteren und einem modernen Gebäudeteil, oder Familienzimmer für 2 Erw. und bis zu 3 Kinder. Eine gute Lage, saubere Unterkünfte, eine lockere, internationale Atmosphäre, 24-Stunden-Service und Einrichtungen wie Café-Restaurant, Sauna, Swimmingpool oder Gratisparken im Hof machen das Hostel zu einer guten Option für preisbewusste Touristen. Achtung: günstigere Sonderpreise bei Online-Buchung.

Hostel Erottajanpuisto (G 5)
Uudenmaankatu 9, 00120 Helsinki
Tel. 09 64 21 69
www.erottajanpuisto.com
Tram 3T/3B, 6
DZ 68 €
Die kleine, gemütliche Jugendherberge liegt an einer lauten Straße mitten im Design-Distrikt und ist im 3. Stock eines denkmalgeschützten Stadthauses (kein Aufzug!) untergebracht. Insgesamt stehen 52 Betten zur Verfügung, das Zimmerangebot reicht vom 7-Bett-Schlafsaal bis zum Einzelzimmer. In je-

---

Preiskategorien

Low Budget (Bett im Mehrbettzimmer): bis 25 €
Günstig: bis 90 €
Mittelklasse: bis 160 €
Gehobener Komfort: bis 230 €
Luxus: ab 230 €

Alle Preise, soweit nicht anders angegeben, pro Doppelzimmer (DZ) mit Frühstück. Einzelzimmer (EZ) sind nur wenig günstiger.

Übernachten

dem Zimmer gibt es ein Waschbecken und TV, Bettwäsche und Handtücher sind inklusive. Toiletten und Duschen auf dem Flur, auch eine Selbstversorgerküche ist vorhanden.

Eurohostel Oy (J 5)
Linnankatu 9, 00160 Helsinki
Tel. 09 622 04 70
www.eurohostel.fi
Tram 4/4T, Bus 13
Recht großes Hostel auf der Halbinsel Katajanokka, in ruhiger Umgebung und in der Nähe einer Tramstation – das Zentrum ist aber auch bequem zu Fuß zu erreichen. Es gibt 135 Einzel-, Doppel- und Familienzimmer. Duschen, WC und eingerichtete Küchen findet man in jedem Stockwerk. Zum Hostel gehören Münz-Waschsalon, Internet-Kiosk und ein preisgünstiges Restaurant. Die Atmosphäre ist gut, und mit Preisen von 55 € für ein Doppel- und 67,60 € für ein Familienzimmer (2 Erw., 2 Kinder) empfiehlt sich das Eurohostel als wirklich vorteilhafte Adresse für Low Budget-Reisende.

Hotel Fenno (H 2)
Franzeninkatu 26, 00530 Helsinki
Tel. 09 77 49 80
www.hotelfenno.fi
Tram 1/1A, 3T/3B, 6, 7A/7B
DZ 88 €
Das Haus liegt nördlich des Zentrums nahe der Kallio-Kirche und ist u. a. mit der Tram gut zu erreichen. Von den insgesamt 100 Zimmern sind 32 sehr klein und von niedrigem Standard, z. T. ohne eigene Dusche/WC. Auch bei den anderen und größeren Zimmern wirkt die Einrichtung etwas verstaubt, ist aber mit Kitchenette, TV und Telefon komplett und auch für Selbstversorger geeignet. Zur Anlage gehören außerdem Garage, Münz-Waschautromaten, zwei Saunas, 24-Stunden-Rezeption, eine Frühstücks-Cafeteria sowie ein italienisches Restaurant.

Stadionin maja (F 2)
Pohjoinen Stadionintie 4,
00250 Helsinki
Tel. 09 477 84 80
www.stadionhostel.com

Apartments für Selbstversorger

Bei längerem Aufenthalt lohnt es sich allemal, anstelle eines teuren Hotels auf Wohnungen oder Studios auszuweichen, die meist sogar besser ausgestattet und größer sind. Vorher sollte man sich im Internet über das Angebot informieren. Wichtig ist auch, die Mindestmietdauer zu beachten, die zwischen drei und sechs Tagen variieren kann. Die Apartments sind in der Regel sehr gut bestückt, z. B. mit Satelliten-TV, Musikanlagen oder Internet-Zugang, viele haben auch komplett eingerichtete Küchen oder wenigstens Kitchenettes. Die Sauna darf meist in Absprache mit anderen Hausbewohnern benutzt werden. Der Wechsel von Bettwäsche und Handtüchern und eine Wohnungsreinigung wird einmal pro Woche durchgeführt. Die Tarife beginnen für Wohnungen für 1–3 Personen bei etwa 50 €, je länger man bleibt, desto günstiger wird es. Wohnungen, die außerdem sehr zentral liegen, haben u. a. im Programm:
Accome Skatudden, www.cityapartment.com; **Art-Travel,** www.art-travel.fi; **Apartment Hotel Niko,** www.huoneistohotelliniko.com; **Downtown City Apartments,** www.citykoti.com

Übernachten

Tram 3T/3B, 4/4T, 7A/7B10
DZ 47 €
Ganzjährig geöffnete Jugend- und Familienherberge im Olympiastadion mit guter Verkehrsanbindung zum Zentrum. 162 Betten in Doppel- und Mehrbettzimmern, Sauna, Café, 2 Fernsehräume, Internet-Zugang, freie Parkplätze.

Hostel Suomenlinna (K 8/Sonderkarte)
Suomenlinna C 9, 00190 Helsinki
Tel. 09 684 74 71
www.leirikoulut.com
Nahe dem Bootsanleger von Iso Mustasaari liegt diese rustikale Jugendherberge in einem alten Holzhaus. Sie hat insgesamt 40 Betten (verteilt auf Zimmer für 1–10 Personen), Café, Selbstversorger-Küche und Aufenthaltsraum. Atmosphäre und Ambiente sind sehr speziell, vor allem, wenn die letzten Touristen nach Helsinki abgefahren sind und man die historische Seefestung fast für sich alleine hat. Die 15minütige Fährüberfahrt trennt wirklich zwei Welten. Fantastisch ist der Aufenthalt, wenn Suomenlinna tief verschneit ist und man über die zugefrorene Ostsee wandern kann, im Winterhalbjahr (Mitte September bis Mitte März) gibt's außerdem günstige Spezialpreise.

Mittelklasse

Hotel Anna (G 6)
Annankatu 1, 00120 Helsinki
Tel. 09 61 66 21
www.hotelanna.com
Tram 3T/3B, 10
DZ 120–175 €
Mittelklasse-Herberge im Trendviertel mit 26 Einzel-, 25 Doppelzimmern und drei Suiten, gute Ausstattung z. T. mit Minibar und Internet-Anschluss, reichhaltiges Frühstücksbuffet. Nichtraucheretagen, Sauna.

Hotel Arthur (G 5)
Vuorikatu 19, 00100 Helsinki
Tel. 09 17 34 41
www.hotelarthur.fi
Tram 3T/3B, 4/4T, 6, 7A/7B
DZ 92–140 €
Sehr zentral gelegene Unterkunft mit Konferenz-Betrieb, 167 gut ausgestattete Zimmer u. a. mit TV, Internetzugang, Telefon, einige Familienzimmer mit 3–5 Betten, lichte Atmosphäre, gutes Restaurant mit Lunch-Buffet und a-la-carte Dinner, motorisierte Hotelgäste haben günstige Sonderkonditionen im Kluuvi-Parkhaus.

Hotel Carlton (G 5)
Kaisaniemenkatu 3, 00100 Helsinki
Tel. 09 684 13 20
www.carlton.fi
Tram 3T/3B, 6
DZ 100 €
2008 eröffnetes Hotel in einem Gebäude aus den 1930ern, zentral an einer verkehrsreichen Straße in unmittelbarer Nähe von Bahnhof und Busbahnhof gelegen. Im Erdgeschoss beherbergt das Hotel das Restaurant ›Voda‹, darüber befinden sich auf drei Stockwerken die modern eingerichteten Einzel-, Doppel- und Dreibettzimmer (u. a. mit LCD-TV, Minibar, W-LAN).

Helka Hotel (F 5)
Pohjoinen Rautatienkatu 23
00100 Helsinki
Tel. 09 61 35 80
www.helka.fi
Bus 15 A
DZ 107–141 €
Das hell gestrichene, ältere Stadthaus liegt in unmittelbarer Nähe zum Ten-

Übernachten

nispalatsi und zum Kamppi-Komplex und macht innen wie außen einen gepflegten Eindruck. Die Drei-Sterne-Herberge verfügt über 150 im skandinavischen Design gehaltene Zimmer, zwei Saunas, das beliebte Restaurant ›Helkan Keittiö‹ und ein Café.

Gehobener Komfort

Hotel Seurahuone (G 5)
Kaivokatu 12, 00100 Helsinki,
Tel. 09 691 41
www.hotelliseurahuone.fi
Tram 3T/3B, 6
DZ 129–199 €
Traditionsreiches Haus von 1833, vom Zaren 1914 an seine jetzige Stelle gegenüber dem Hauptbahnhof verlegt, 1996 zuletzt renoviert. Für die Tradition steht die eindrucksvolle Liste der Berühmtheiten, die hier übernachteten, und die spektakuläre Innenarchitektur von Rezeption, Bar und Restaurant. Die 118 Zimmer sind dafür mit allem modernen Komfort ausgestattet.

Palace Hotel Linna (F 6)
Lönnrotinkatu 29, 00180 Helsinki
Tel. 09 344 41 00
www.palacekamp.fi
Tram 3T/3B
DZ 109–230 €
Das Äußere des Hotels scheint direkt einem Bilderbuch über finnischen Jugendstil zu entspringen, innen wurden die 48 Zimmer (26 EZ, 21 DZ, 1 Suite) mit dem Komfort des 21. Jh. ausgestattet. Die Lage nahe dem Alexander-Theater ist nicht top-zentral (10 Minuten zu Fuß bis zur Esplanade sind's schon), doch durchaus reizvoll zwischen den drei Trend-Vierteln Eira, Ruoholahti und Kamppi. Die Atmosphäre ist familiär, das Ambiente edel, aber nicht abgehoben, das Restaurant überzeugt mit bester finnischer Küche – eine gute Wahl also, wenn auch nicht gerade billig.

Hilton Helsinki Strand (H 4)
John Stenbergin ranta 4,
00530 Helsinki
Tel. 09 393 51
www.helsinki-strand.hilton.com
Tram 1/1A, 3T/3B, 4/4T, 6, 7A/7B
DZ 140–210 €
Modernes First-Class-Hotel direkt am Wasser, nahe dem Marktplatz Hakaniemi und 10 Gehminuten vom Senatsplatz entfernt. Die 192 Zimmer sind sehr großzügig bemessen und mit allem ausgestattet, was man in dieser Preislage erwarten darf. Die Architekten schmückten Lobby und Speiseräume mit so viel Glasskulpturen, Marmor und Edelmetallen, dass hier eher der amerikanische als der finnische Geschmack bedient wird. Im 8. Stock gibt es einen Wellness-Bereich mit mehreren Saunas, Fitness-Studio und Swimmingpool. Die Gastronomie ist auf hohem Niveau: das Restaurant ›Bridges‹ mit tollem Blick auf die Bucht bietet internationale Küche, das Restaurant ›Pamir‹ Fisch, Seafood und Wildspezialitäten.

Radisson SAS Plaza (G 4)
Mikonkatu 23, 00100 Helsinki
Tel. 09 775 90
www.radisson.com
Tram 3T/3B, 6
DZ 130–200 €
Zentraler geht's kaum als diese Lage zwischen Bahnhof, Ateneum-Museum und Finnischem Theater. Das ›Plaza‹ hält eine lange Hotel-Tradition aufrecht, schon 1917 wurde das erste Gebäude errichtet, dessen erhaltene Teile der Innen- und Außenarchitektur unter Denkmalschutz stehen – z. B. die beachtenswerten Steinglas-Fenster. Der neue

Übernachten

Trakt versucht, damit zu harmonisieren. In den 301 Zimmern spürt man noch etwas vom Charme der Gründerzeit, ebenso im fantastischen Restaurant ›Pääkonttori‹, einem Meisterstück des finnischen Designs. Und die italienisch-finnische Küche steht dem in nichts nach. Die ebenfalls schöne Bar wurde zu einem populären Afterwork-Treff von Einheimischen, Hotelgästen und internationaler Klientel.

Scandic Hotels …
… gehören zur größten Business-Hotelgruppe im Norden. In Helsinkis Zentrum sind die Scandic Hotels (www.scandic-hotels.com) derzeit mit vier Häusern vertreten.

Scandic Hotel Grand Marina (J 5)
Katajanokanlaituri 7, 00160 Helsinki
Tel. 09 166 61
Tram 4/4T, Bus 13
DZ 272 €
Das angenehme Hotel war vor seiner Renovierung eines der größten skandinavischen Lagerhäuser. Mit breiter Front steht es zusammen mit einem angeschlossenen Kongress-Zentrum auf der Katajanokka-Insel, gegenüber der Anlegestelle der Viking-Fähren und der Schnell-Katamarane nach Tallinn. Wegen seiner Größe (462 Zimmer, 3 Restaurants) und der zentralen, doch ruhigen Lage wird das Grand Marina von vielen Reisegruppen bevorzugt. Aber auch Individualtouristen fühlen sich hier wohl, vor allem, wenn sie eines der oberen Zimmer mit Aussicht auf den Hafen bekommen.

Scandic Hotel Continental (F 3)
Mannerheimintie 46, 00160 Helsinki
Tel. 09 405 51

> ### Am Wochenende günstiger
>
> Die Klientel vor allem der teureren Herbergen besteht mehrheitlich aus Geschäftsreisenden, die aber pflegen am Wochenende eher zu Hause zu bleiben. Das hat zur Folge, dass viele Hotels an Wochenenden deutlich niedrigere Tarife haben. So kann man bei einem Kurztrip nach Helsinki sparen, ohne auf Komfort verzichten zu müssen. Ein Standard-Doppelzimmer der First-Class-Herberge Scandic Continental z. B. kostet werktags 266 €, an Wochenenden aber nur 190 €. Beim Radisson SAS Plaza ist das Verhältnis 200 € zu 130 €. Oft ist dann am Wochenende der Unterschied zu den Zimmerpreisen von Touristenhotels, die keine Reduzierung anbieten, kaum noch der Rede wert.

Tram 4/4T, 7A/7B, 10
DZ 190–266 €
Das nahe der Finlandia-Halle gelegene First-Class-Hotel mit seiner nichtssagenden internationalen Architektur und Atmosphäre versprüht nur wenig Charme. Trotzdem wird das Haus vor allem von Geschäftsleuten geschätzt. Die 512 Zimmer sind mit allen Annehmlichkeiten ausgestattet, es gibt mehrere Restaurants, Bars und Nachtclubs.

Scandic Hotel Simonkenttä (F 5)
Simonkatu 900100 Helsinki
Tel. 09 683 80
DZ 272 €
Auffälliger Glaspalast neben dem neuen Kamppi-Komplex, 359 Zimmer, die im Gegensatz zum High-Tech Ambien-

Übernachten

Hotel Kämp an der Esplanade

te der Außenarchitektur sehr konventionell eingerichtet sind, Restaurant und Café, 3 Saunas, Wellness-Bereich.

Sokos Hotels…

… gehören der größten innerfinnischen Hotelgruppe an und sind mit einem Haus auch in Tallinn vertreten. Der Standard ihrer Hotels ist sehr unterschiedlich und liegt zwischen Touristenklasse und First Class. In Helsinkis Zentrum ist Sokos derzeit mit sieben Häusern vertreten, weitere gibt es in der näheren Umgebung, u. a. in Vantaa und Espoo (www.sokoshotels.fi).

Sokos Hotel Vaakuna (G 5)

Asema-aukio 2
00100 Helsinki
Tel. 09 433 70
Tram 3T/3B, 4/4T, 7A/7B, 10
Bus 15 A
DZ 220–225 €

Modernistisches Haus neben dem Bahnhof, 1952 zu den Olympischen Spielen eröffnet und inzwischen mehrfach renoviert. 270 Zimmer mit allem Komfort, 2 Saunas, Tiefgarage, mehrere Restaurants und Bars.

Die Dance Bar im Erdgeschoss ist an Wochenenden oft sehr voll – ebenso wie ihre Besucher. Vornehmer geht es in der Brasserie und im Restaurant ›Loiste‹ im 10. Stock zu, wo man außerdem einen fantastischen Blick auf die Stadt genießt.

Sokos Hotel Torni (G 5)

Yrjönkatu 26
00100 Helsinki
Tel. 020 123 46 04
Bus 13
DZ 185–260 €

Traditionsreiches Jugendstil-Hotel mit 152 sorgfältig restaurierten und luxuriös ausgestatteten Zimmern, Wellness-

Übernachten

Abteilung mit 4 Saunas, sehr gutes Restaurant, Brasserie, American Bar, populärer Irish Pub und Turmbar Ateljee mit fantastischer Aussicht (S. 66), zentral an der Alten Kirche gelegen.

Luxus

Highlight

Hotel Kämp (G 5)
Pohjoisesplanadi 29
00100 Helsinki
Tel. 09 57 61 11
www.hotelkamp.fi
Bus 24
DZ 365–405 €

1887 eröffnete der Restaurateur Carl Kämp an der Esplanade ein Hotel, das unter seinem Namen bald zur Legende wurde – als erste wirkliche Luxusherberge der nordischen Länder. Hier nächtigten schon Marschall Mannerheim, Jean Sibelius sowie zahlreiche gekrönte Häupter, Präsidenten, berühmte Künstler und Wirtschaftsbosse.

Nach einer Zeit des Verfalls und der sorgfältigen Restaurierung wurde das traditionsreiche Haus 1999 wieder eröffnet und avancierte auf Anhieb zur nobelsten Adresse von Stadt und Land. Alle Räume erscheinen im historischen Gewand, besonders schön die Bibliothek, der Rezeptionsbereich und der verspiegelte Ballsaal mit Kronleuchtern, vergoldetem Stuck und Fresken.

Die 164 Standardzimmer sind komfortabel groß und vereinen nostalgisches Dekor mit modernster Technik. Zur Straße hin sitzt man im Sommerhalbjahr schön auf der Terrasse, oder man lässt es sich in der gediegenen ›Kämp Brasserie & Wine Bar‹ gut gehen. Das Restaurant ›est. 1887‹ zählt zu den besten im Norden, und auf Saunas samt Wellness-Bereich brauchen Gäste natürlich nicht zu verzichten. Ein wirkliches Highlight also – und der Preis ist durchaus angemessen. Hat man noch höhere Ansprüche oder reist in größerer Gesellschaft, kann man sich eine der 15 Suiten mieten – z. B. die 258 m² große Mannerheim-Suite mit sechs Räumen und Privatsauna für mindestens 2500 €!

Camping

Rastila Camping
Karavaanikatu 4
00980 Helsinki
Tel. 09 321 65 51
www.hel.fi/rastila
Metro: Rastila

Dieser zum Zentrum nächstgelegene Campingplatz, ca. 10 km östlich der Stadt, ist mit dem Wagen über die Straße 170 (Richtung Porvoo) zu erreichen, am besten aber mit der Metro in 17 Minuten ab Zentrum.

Die 3-Sterne-Anlage liegt, wie es sich für Finnland gehört, am See und ist ganzjährig geöffnet! Unterkunftsmöglichkeiten gibt es außer im eigenen Zelt oder Caravan in Camping-Hütten bzw. Ferienhäuschen von hohem Standard. Die modernsten Hütten wurden 2005 fertig gestellt, bieten Platz für acht Personen und besitzen u. a. Wohnzimmer, Küchenzeile, WC, Dusche und eigene Sauna.

Für das Fitness-Programm gibt es Wanderwege, Strand mit Bademöglichkeit, Saunas und einen Verleih von Kajaks, Ruderbooten, Fahrrädern und Tandems. Im Sommer steht ein Restaurant mit allen Schankrechten zur Verfügung. Etwas für Abgebrühte: Eisloch-Baden im Winter.

Café Ursula in Eira direkt am Meer

Essen & Trinken

Helsinkis Küche

Reizvoll an Helsinki ist seine Lage zwischen Ost und West. Das betrifft die Architektur, die Mentalität und natürlich auch das Essen. Es ist klar, dass mehrere hundert Jahre Abhängigkeit von Schweden ihre Spuren auf der Speisekarte hinterlassen haben. Zu diesem kulinarischen Erbe gehören z. B. das dunkle Schärenbrot, die süß-sauer oder in Senfsauce marinierten Heringe, die Hausmannskost Pyttipannu oder die Tradition des Flusskrebs-Essens.

Einflüsse kamen aber immer auch aus dem Baltikum und vor allem aus Russland. Schaschlik, Piroggen und Borschtsch fanden schon früh ihren Weg in finnische Küchen – und in Spezialitäten-Restaurants wird die Ostküche seit der Zarenzeit aufs Vorzüglichste zubereitet. Die Dichte russischer Restaurants ist in keiner westlichen Stadt so groß wie hier, und sie zählen zu den besten weltweit!

Das Frühstück (aamiainen)

Das Frühstück soll eine solide Basis für die Tätigkeiten des Tages legen, daher darf es nicht zu mickrig ausfallen. In fast allen Hotels, auch denen der unteren Preiskategorie und in Jugendherbergen, wird die erste Mahlzeit deshalb als Frühstücksbuffet angerichtet, das keine Wünsche offenlässt. Dazu gehören außer dem obligatorischen Kaffee Fruchtsäfte und Milch, Cornflakes und Müsli, Knäcke-, Grau- und süßes Brot, Marmeladen, Käse, Aufschnitt, Fischpaste, Rührei und Schinken bzw. Speck.

Das Mittagessen (lounas)

Ob eine Kleinigkeit zum Mittag oder eine komplette warme Mahlzeit – Möglichkeiten dazu gibt's genügend. Fast alle Cafés, auch die klassischen, offerieren ganztägig Salate, Sandwiches oder Suppen, viele sind auch als **Lunchcafés** konzipiert mit einer eigenen Mittags-Speisekarte. Auch die typischen **Fine-Dining-Lokale** bieten recht günstige Mittagsmenüs an, mit denen man die opulente Sterne-Küche in einer Light-Version genießen kann.

Anstelle eines kompletten Mittagessens holen sich die Hauptstädter aber auch gerne einen **Imbiss**. Dazu bieten sich die traditionellen gelben Kioske an, die es im ganzen Stadtgebiet gibt. Einige haben sich zu gastronomischen Geheimtipps entwickelt. Qualitätsindikator sind die Schlangen, die sich mittags oder in den späten Abendstunden vor einem ›Grilli‹ bilden – auch bei Minusgraden. Die Kioske verkaufen Kaffee, Burger, Pommes, Hot Dogs, Piroggen und finnische Quiche, gute Vertreter ihrer Gattung sind der **Korkeavuoren-**

Essen & Trinken

katu Kiosk (nahe der Johannes-Kirche) und der **Tuomas Burger** auf der Iso-Roobertinkatu.

Zum Abend

Lange Zeit galt Helsinkis gastronomisches Angebot als provinziell. Inzwischen hat sich aber eine urbane Gastro-Szene installiert, die sich hinter keiner anderen europäischen Stadt zu verstecken braucht. In ihr wimmelt es von Restaurants, die die ganze weite Welt nach Helsinki bringen. Wer das Bedürfnis hat, authentisches Sushi zu probieren oder Cayun-Küche, mongolische oder karibische Spezialitäten, Indisches oder Afrikanisches – in Helsinki kein Problem. Dazu bieten lappländische Spezialitäten-Restaurants den Reiz des Exotischen.

Das klassische Restaurant hat in dieser Szene mehr oder weniger ausgedient – durchgestylte Cafés und sog. **Hybridrestaurants** sind angesagt. Bei den fließenden Grenzen kann sich eine Tapas-Bar durchaus zu einem brodelnden Club wandeln, kann man in einem arrivierten Jazz-Schuppen vorzüglich dinieren und wird manches Café zu später Stunde zu einer quirligen Diskothek.

Wer aber auf gehobenem Niveau finnisch essen gehen will, der sollte nach dem ›HelsinkiMenü‹ Ausschau halten. Derzeit haben sich 16 Gaststätten diesem Programm angeschlossen, bei dem nur einheimische, frische Rohware verarbeitet wird. Infos unter www.finfood.fi/helsinkimenu. Auch die Website www.eatandjoy.com bietet Infos zu empfehlenswerten Restaurants.

Und was trinkt man?

Die Finnen sind Weltmeister im Konsum von Kaffee (kahvi), der aber nicht immer perfekt schmeckt. Ansonsten trinkt man im Familienkreis oder unter der Woche zum Essen meist Alkoholfreies, gern Mineralwasser, Fruchtsäfte oder Milch (maito). Wegen der enorm hohen Preise für Alkoholika und des Monopols der staatlichen Alko-Läden sparte man sich diesen Genuss früher für das Wochenende auf (wenn man nicht selbst brannte), holte dann aber alles nach – mit den absehbaren Folgen. Diese Freitag-Abend-Sauferei war es, die das Klischee der Finnen als ein Volk von Trinkern entstehen ließ.

Geht man in ein Restaurant, trinkt man heute wie selbstverständlich auch an Werktagen **Bier** (olut), **Apfelwein** (siideri) oder **Wein** (viini) zum Essen. Gerne wird anschließend ein **Wodka** (koskenkorva, finlandia) genommen, vor allem, wenn Fischiges im Spiel war. Beim traditionellen Flusskrebs-Essen ab dem 21. Juli gehört Wodka sogar unverzichtbar dazu – man spricht dann vom ›Krebse trinken‹. Der zum Kaffee genommene **Lakka-Likör** ist eine aus Multebeeren hergestellte Köstlichkeit. Und der in der Kalten Jahreszeit angebotene **Glöggi** ist die finnische Variante des Glühweins.

Eine besondere Schnapsmischung, die man auch bei Alko kaufen kann, heißt **Marskin Ryyppy** (›Marschalls Gesöff‹) und geht auf Marschall Mannerheim zurück. Sie besteht aus zehn Teilen finnischem Aquavit, zwei Teilen trockenem französischem Wermuth und einem Teil Gin.

Preisniveau

Hauptgerichte (HG) ohne Getränke:

Günstig	HG unter 15 €
Moderat	HG bis 25 €
Teuer	HG ab 35 €

Kulinarisches Lexikon

Allgemeines
Aamiainen Frühstück
alkuruuat Vorspeisen
baari Café, Cafeteria (ohne volle Schankrechte)
grilli Imbiss
Iltapala Abendessen
itsepalvelu Self-Service
jälkiruuat Desserts
kahvila Café (ohne volle Schankrechte)
keittiö avoinna Küche geöffnet
keittiö suljettu Küche geschlossen
lounas Mittagessen, Lunch
pääruuat Hauptgerichte
ravintola Restaurant
ruokalista Speisekarte
varattu besetzt
vapaa frei

Frühstück/Lunch
hunaja Honig
juusto Käse
(lämpimät) voileivät (warme) belegte Brote
leipää Brot
makkara Wurst
maksapasteija Leberpastete
munakas Omelett
paahtoleipä Toast
paistettuja munia Spiegeleier
päivän keitto Tagessuppe
sämpylä Brötchen
voi Butter
vuohenjuusto Ziegenkäse

Fleisch
filee, seläke Filet
hampurilainen Hamburger
hirvi Elch
jauhelihapihvi Frikadelle
kinkku Schinken
kyljys Kotelett
lammas Lamm
pihvi Steak
poro Rentier
sianliha Schweinefleisch
vasikanliha Kalbfleisch
wieninleike Wiener Schnitzel

Fisch
ahven Barsch
hauki Hecht
kampela Flunder
katkarapu Krabben
lohi Lachs
made Aalquappe
makrilli Makrele
muikku Kleine Maräne
siika Renke/Felche
silli Hering
silakat Ostseehering (Strömling)
taimen Forelle
tonnikala Thunfisch
turska Dorsch

Geflügel
ankka Ente
hanhi Gans
kana Huhn
kananpoika Hähnchen
riekko Schneehuhn
sorsa Wildente

Beilagen
herkukusieniä Champignons
herneitä Erbsen
keitettyjät perunat Salzkartoffeln
kukkakaali Blumenkohl
papuja Bohnen
perunoita Kartoffeln
ranskalaiset perunat Pommes frites
salaatteja Salate
sieni Pilz
tomaatia Tomate

Gewürze
etikka Essig

öljy Öl
pippuri Pfeffer
sinappi Senf
sipulia Zwiebeln
sitruuna Zitrone
sokeri Zucker
suola Salz
valkosipuli Knoblauch

Früchte
appelsiinejä Apfelsinen
banaaneja Bananen
karpaloita Moosbeeren
kiisseli Fruchtkaltschale
kirsikoita Kirschen
lakkoja Moltebeeren
mansikka Erdbeeren
mustikaa Blaubeeren
omena Apfel
päärynä Birne
puolukoita Preiselbeeren

Desserts
hedelmäsalaati Obstsalat
jäätelöä Eiscreme
kakku Kuchen, Torte
leivos Gebäck, Kuchen
vanukas Pudding

Spezialitäten auf der Speisekarte

Graavi lohi ›vergrabener‹, gebeizter Lachs in Scheiben, mit frischem Dill, wird gerne mit Senfsauce serviert und ist Bestandteil aller Buffets.
Kalakukko savonische Fischpastete, eines der finnischen Nationalgerichte. Für einen *kukko* backt man frische Süßwasserfische (am besten Barsch oder kleine Felche) mit Schweinespeck im Brotteig.
Karjalanpaisti gehaltvoller Eintopf mit Rind-, Hammel- und Schweinefleisch aus Karelien.
Karjalanpiirakat karelische Roggenteigtaschen (= Piroggen), mit Eibutter bestrichen und mit Fleisch, Kartoffeln oder Reis gefüllt.
Liekki lohi ganze Lachshälften, entgrätet und auf ein Brett angebracht, dann senkrecht über dem offenen Feuer gegrillt.
Lohikeitto Suppe mit Lachsstücken, Kartoffeln, Dill und Milch.
Mäti Fischrogen von der Maräne, der Aalquappe oder Renke, angerichtet mit gehackten Zwiebeln, dazu isst man Pellkartoffeln mit Sauerrahm.
Poronkäristys geschnetzeltes Rentierfleisch, zusammen mit Kartoffelpüree und Preiselbeeen serviert.
Pyttipannu aus dem Schwedischen übernommene Hausmannskost mit in der Pfanne geschmorten Fleischwurst- und Kartoffelwürfeln, Zwiebeln, Roter Beete, Gewürzgurke und Spiegelei.
Särä in einer Holzschale im Ofen gebackenes Gericht aus Südkarelien, mit Lammfleisch und Kartoffeln.
Vorschmack Fleisch von Lamm und Rind wird zusammen mit Zwiebeln gebacken, dann mit Heringsfilets und Sardellen durch den Fleischwolf gedreht – das Ganze serviert man mit Ofenkartoffeln, Essiggurken und eingelegter Roter Bete. Vorschmack war das Lieblingsessen Marschall Mannerheims, der es in Polen kennen gelernt hatte.

Essen & Trinken

Cafés und Lunchrestaurants

Café Aalto (G 5)
Akateeminen Kirjakauppa,
Pohjoisesplanadi 39, 00100 Helsinki
Tel. 09 121 44 46, www.cafeaalto.fi
Mo–Fr 9–21, Sa 9–18,
im Sommer auch So ab 12 Uhr
Tram 3T/3B, Bus 24
Angenehmes Café im zweiten Stock der Akademischen Buchhandlung, wie diese von Altmeister Alvar Aalto eingerichtet und mit vielen Details versehen. Der Aufenthalt im Gastronomie-Design hat aber seinen Preis: Kuchen nicht unter 4,50 €, Salate knapp 10 €, belegte Brote über 8 €, Kaffee 2,90 € und Cappuccino 3,80 €. Von 9–11 Uhr bekommt man auch Frühstück (8,50 €).

Café Ekberg (G 5)
Bulevardi 9, 00170 Helsinki
Tel. 09 68 11 86 60, www.cafeekberg.fi
Mo–Fr 7.30–19, Sa 8.30–17,
So 10–17 Uhr
Tram 3T/3B, 6
Ein wirklich klassisches Café ist das Ekberg – eines, in dem ältere Damen ihren Nachmittag bei Kaffee und Kuchen verbringen, eines, in dem man noch frühstücken kann und eines, das sich nicht mit anderen Gattungen vermischen will. Zwar gibt es auch hier täglich wechselnde Lunchmenüs (8,70–9,20 €). Aber die Renner sind immer noch die frischen Backwaren, Torten und süßen Delikatessen, die schon in der fünften Generation angeboten werden, z. B. der traditionelle Kuchen ›Napoleon‹.

Café Engel (H 5)
Aleksanterinkatu 26, 00170 Helsinki
Tel. 09 65 27 76, www.cafeengel.fi
Mo–Fr 8–22, Sa 9–22, So 10–22 Uhr
Tram 3T/3B, 4/4T

In historischen Gemäuern und an zentrale Stelle ist das Engel eine Anlaufstelle für Touristen und Einheimische, ältere Gäste und jüngere am Abend. Der Blick auf Dom und Senatsplatz ist atemberaubend, die süßen Leckereien ihr Geld wert (legendär: die Bananen-Schoko-Torte) und die Kaffees von großer Vielfalt. Auch Herzhafteres ist erhältlich, z. B. Hühnchensalat. Im Innenhof lässt man es sich an heißen Tagen unter dem Sonnensegel gut gehen, während abends hier manchmal ein Open-Air-Kino installiert wird.

Highlight

Café Fazer (G 5)
Kluuvikatu 3, 00100 Helsinki
Tel. 020 729 67 02
www.fazergroup.com
Mo–Fr 7.30–22, Sa 9–22 Uhr
Tram 3T/3B, 4/4T, 7A/7B
Als der gebürtige Schweizer Eduard Fazer 23jährig nach Helsinki kam, gelang es ihm schnell, mit eigenen Rezepten für Kuchen, Pralinen und Schokolade Karriere zu machen. Sein 1891 eröffnetes Café galt bald schon als das beste der Hauptstadt. Das heutige Gebäude, 1930 mit viel Marmor errichtet und zuletzt 2003 stilvoll renoviert, ist ein außergewöhnliches Kaffeehaus – funktionalistisch, großzügig, elegant. Bequem sitzt man unter der Licht-Kuppel, schaut schräg hinüber zur Nobelherberge Kämp und erholt sich vom Einkaufsbummel auf der Esplanade. Das Angebot umfasst u. a. Kaffee- und Teesorten, Backwaren, von Hand hergestellte Delikatessen oder belegte Brote und Salate – alles übrigens nicht übermäßig teuer. Und da Fazer sich inzwischen zu einem expandierenden Süßigkeiten-Konzern gemausert hat, findet

Essen & Trinken

man in einer Souvenirabteilung natürlich auch dessen typische, abgepackte Produkte.

Café Kiasma (G 4)
Mannerheiminaukio 2, 00100 Helsinki
Tel. 09 17 33 65 01, www.kiasma.fi
Di 10–17, Mi–So 10–21 Uhr
Tram 4/4T, 7A/7B, 10
Das Café befindet sich im Erdgeschoss des Museums (s. S. 95), ist aber davon unabhängig (kein Eintritt). Außer Kaffee, anderen Getränken und ›Kiasma-Torte‹ gibt es an der Self-Service-Theke z. B. eine Tagessuppe (7 €) und täglich wechselnde Gerichte (ca. 9 €), darunter meist auch ein vegetarisches. Die Einrichtung ist nüchtern, und man hat schon bequemer gesessen als auf den Plastikstühlen des Cafés. Aber der Blick durch die komplett verglaste Front auf das bunte Treiben auf dem Museumsvorplatz, auf der Mannerheimintie und vor dem Reichstag gibt einem das Gefühl, ›mitten drin‹ zu sein. Wer sich trotzdem langweilt, kann in den ausgelegten Fachmagazinen blättern oder im Internet surfen.

Café Neuhaus (H 5)
Unioninkatu 32, 00100 Helsinki
Tel. 09 66 26 23, www.neuhaus.fi
tgl. 10.30–19 Uhr
Tram 3T/3B, 4/4T, 7A/7B
Nur wenige Schritte vom Senatspatz entfernt, kann man hier auf dem Weg zur Esplanade einkehren und die vorzüglichen Pralinen und belgischen Schokoladen-Spezialitäten probieren – sofern in dem kleinen Raum noch ein Platz frei ist. Die Neuhaus-Pralinen werden auch in einigen Spezialitäten-Shops angeboten, z. B. auf dem Flughafen Vantaa. Viele besuchen das Neuhaus aber auch aus einem anderen Grund: neben Süßigkeiten gibt es hier nämlich die raren finnischen Cent-Münzen zu kaufen (s. S. 56).

Cafés am Wasser

Café Carusel (G 7)
Merisatamanranta 10, 00150 Helsinki
Tel. 09 622 4522, www.carusel.fi
tgl. 9–22 Uhr, Bus 14
Nicht weit vom Café Ursula (s. u.) entfernt liegt dieser großzügige Rundbau, der sich ebenfalls zur Einkehr bei Wanderungen an der Küste entlang anbietet. Vor dem Gebäude starten Boote zu den vorgelagerten Inseln, dahinter liegt ein Uferpark und das Jugendstilviertel Eira. Man bekommt Kaffee, Kuchen, Sa-

---

Kaffee auf dem Markt

In Finnland dienen Marktplatz und Markthalle auch als Treffpunkt, sind oft auch die erste Station beim morgendlichen Weg zur Arbeit. Selbst im Winter, wenn Eisschollen in den Hafenbecken treiben und sich der Schnee auftürmt, sieht man Angestellte, die sich auf dem Weg ins Büro mit einer Tasse Kaffee oder einer Pirogge aufwärmen. Die Markt-Cafés sind so unterschiedlich wie die Märkte selbst; machmal nur eine fahrbare Bude mit Klappstühlen. Vornehmer geht's in den Markthallen zu, wo anstelle der Buden fest installierte Cafés auf Kundschaft warten. Die haben meist sehr viel Charme und bilden kleine Oasen der Ruhe im hektischen Treiben. Schön altmodisch ist z. B. das Café im oberen Stockwerk der Hakaniemi-Markthalle.

Essen & Trinken

late, Sandwiches und ein Lunch-Menü (11–14 Uhr, 8–10 €).

Café Piper (Sonderkarte)
Suomenlinna, 00190 Helsinki
Tel. 09 66 84 47
Juni bis Mitte Aug. tgl. 10–19, im Mai und Mitte Aug. bis Mitte Sept. 10–17 Uhr
Mit Tram 1, 3B zum Kauppatori, ab da mehrmals stdl. Fährverbindung
Schön im englischen Park der Insel Vargö (Suomenlinna) gelegenes Lokal mit edler Architektur. Im Angebot sind außer verschiedenen Kaffees, Bier, Wein und Cidre auch kleinere Mahlzeiten wie Tagessuppe, Sandwiches und Salate. Am schönsten ist aber der weite Blick aufs Meer mit den vorbeiziehenden Riesenfähren.

Café Ursula (H 7)
Ehrenströmintie 3, 00150 Helsinki
Tel. 09 65 28 17, www.ursula.fi
tgl. 9–20, im Sommer 9–24 Uhr
Bus 17
Der Vorteil des Cafés ist seine Lage zwischen dem Park Kaivopuisto und dem Meer. Ein natürlicher Anziehungspunkt also für Spaziergänger und Touristen, oder für die, die noch etwas Zeit bis zur Abfahrt ihrer Fähre haben. Bei Sonnenschein sitzt man auf der geräumigen Terrasse vor dem modernen Glaspavillon oder unter dem Sonnensegel bei Kaffee und Kuchen. Oder man nimmt einen leichten Lunch ein (11–14 Uhr), auch abends kann es etwas Herzhafteres sein.

Gut & Günstig

Don Corleone (F 5)
Kamppin Keskus, Urho Kekkosenkatu 1, 00100 Helsinki
Tel. 09 321 87 01, www.doncorleone.fi
Mo–Do 10.30–21.30, Fr 10.30–22, Sa 11–22, So 11.30–21.30 Uhr
Metro: Kamppi
Bus 13, alle Regionalbusse
HG 12–20 €
In der Food Mall des Kamppi-Komplexes bietet das Don Corleone recht gute italienische Küche – aber keine Pizzen, die gibt es von einer Fast-Food-Kette nebenan. Auf der Kreidetafel stehen nur wenige Tagesgerichte, meist Salate, Pasta und gegrillte Fleisch- oder Fischgerichte (gut: Lachs mit Krabben). Das Preis-Leistungsverhältnis ist in Ordnung, das Ambiente modern und aufgeräumt; da nimmt man auch die wenig inspirierte Hintergrundmusik in Kauf, eine Endlosschleife mit italienischen Evergreens.

Iguana (G 5)
Mannerheimintie 12, 00100 Helsinki
Tel. 09 680 18 55, www.iguana.fi
So–Do 11–1, Fr–Sa 11–3 Uhr
Tram 3T/3B, 4/4T, 7A/7B, 10
HG 5–14 €
Unkompliziertes Lokal mit meist jüngeren Gästen. Man bestellt an der Theke und es gibt Pizzen, Salate, Tex-Mex-Gerichte oder Pasta. Gut, um schnell satt, aber nicht arm zu werden. Es gibt weitere ›Iguanas‹ im Stadtgebiet.

Kolme Kruunua (H 4)
Liisankatu 5, 00170 Helsinki
Tel. 09 135 41 72
www.kolmekruunua.fi
Mo–Sa 16–3, So 14–3,
Küche bis 23/24 Uhr
Tram 3T/3B, 6, 7A/7B, Bus 18
HG 9–20 €
Diese Gaststätte nördlich des Zentrums ist eine der wenigen, die sich fast unverändert durch die Zeit gerettet haben. Gegründet 1928 als Café, wurde das Kolme Kruuna 1952 zum Restaurant. Das Interieur wirkt denn auch sympa-

Essen & Trinken

thisch altmodisch, fernab aller heutiger Trends. Auch das Essen – solide finnische Gerichte wie gebratener Hering oder fantastische Fleischbällchen – und die Preise passen in diese Umgebung. Wenn die Küche um Mitternacht schließt, geht der Kneipenbetrieb noch eine ganze Weile weiter. Vielleicht liest dann Küchenchef Heikki Niska aus seinen Gedichten vor, schließlich ist er der einzige Poeten-Koch Finnlands.

Ravintola Ilves (F 5)
Urho Kekkosenkatu 4–6,
00100 Helsinki
Tel. 09 77 46 74 20
www.tavastiaklubi.fi
Di–Do 15–1, Fr, Sa 15–3,
Küche bis 22/24 Uhr
Metro- und Bus-Station Kamppi
HG 9,50–15,50 €

Das Ilves wird von den beiden Rockclubs Tavastia und Semifinal in die Zange genommen, was Rückschlüsse auf das Publikum zulässt. Es gibt gute, reichhaltige Gerichte zu fairen Preisen, Salate, Toasts, Burger und Ungewöhnliches wie Rentier-Stew oder Fleischbällchen vom Elch. Gut – nicht nur für Rock'n'Roller!

Sea Horse (G 6)
Kapteeninkatu 11, 00140 Helsinki
Tel. 09 62 81 69, www.seahorse.fi
So–Fr 10.30–24, Sa 10.30–1 Uhr
Tram 1A, 3T/3B, HG 9–24 €

Gute italienische Küche im Don Corleone

Essen & Trinken

Eine Institution seit Jahrzehnten: das Kappeli an der Esplanade

Das nostalgisch dekorierte ›Seepferdchen‹ gegenüber dem KOM-Theater, eine alte Seemannskneipe, gibt es seit 1934. Serviert werden recht preisgünstige Gerichte und große Portionen, trotz des Namens nicht nur Fisch und Seafood. Und für den kleinen Hunger gibt es Sandwiches und Salate. Sehr populär, Reservierung dringend angeraten.

Finnische Küche

Café Strindberg (H 5)
Pohjoisesplanadi 33, 00100 Helsinki
Tel. 09 681 20 30
www.royalravintolat.com/strindberg
Mo–Sa 9–22, So 10–22, im Sommer bis 24, die Bar bis 1 Uhr
Tram 3T/3B, 4/4T, 7A/7B
HG 15–28 €
Ein nobles Café-Restaurant in nobler Umgebung ist das traditionsreiche ›Strindberg‹. Eingebunden in die Kämp Galleria und mit großen Fenstern zur Nördlichen Esplanade hin, ist dies ein populärer Ort, um zu sehen und gesehen zu werden. Das Café im Namen hat seine Berechtigung wegen vieler süßer hausgemachter Delikatessen und wegen der verschiedensten Kaffee- und Teegetränke, die man an einer eigenen Theke auswählt. Das Gros der Gerichte kommt aber aus der verfeinerten mediterran-finnischen Küche, in der Flusskrebse und Jakobsmuscheln, Mozzarella und Ziegenkäse, Fleisch und Fisch aus dem Hohen Norden und dem Mittelmeerraum verarbeitet werden. Hohe Kochkunst auch bei den Sandwiches, Salaten und Suppen, und insgesamt gar nicht mal so hohe Preise. Für den Abschluss-Drink hält die Bar bis nach Mitternacht geöffnet.

Carelia (F 3)
Mannerheimintie 56, 00260 Helsinki
Tel. 09 27 09 09 76, www.carelia.info

Essen & Trinken

Mo–Fr 11–1, Sa 16–1 Uhr
Tram 3T/3B, 4/4T, 7A/7B, 10
HG 17–25 €, Menüs 37–42 €
Das Restaurant liegt gegenüber der Nationaloper in den Räumen einer alten Apotheke. Geboten wird gute finnische und internationale Küche bei moderaten Preisen. Bei großem Hunger empfiehlt sich besonders das ›Carelia-Menü‹ für 37 €.

Elite (F 4)
Etelä Hesperiankatu 22,
00100 Helsinki
Tel. 09 434 22 00
www.royalravintolat.com/elite
Mo, Di 11–24, Mi–Fr 11–1, Sa 14–1,
So 14–23 Uhr
Tram 3T/3B, 8
HG 17–32 €, Künstler-Menü 42 €
Das interessante Gebäude im Stil des Funktionalismus gilt seit Langem als Künstlerlokal und zieht nach wie vor hauptsächlich intellektuelles Publikum an. Trotz jüngerer Versuche, ›Fine Dining‹ im Elite zu etablieren, bleibt die Küche in erster Linie solide, mit Klassikern wie Lachssuppe oder gebratenen Heringen. Eine Empfehlung für den größeren Hunger ist das sog. Künstler-Menü, genauso gut kann man sich aber im Sommer auch im schönen Bier- und Weingarten unter Bäumen mit einem Getränk begnügen.

Kappeli (H 5)
Eteläesplanadi 1
00130 Helsinki
010 766 38 80, www.kappeli.fi
Mo–Sa 10–24, So 10–23 Uhr
Tram 3T/3B, 4/4T, 7A/7B
HG 20–32 €
Der herrliche Holzbau mit seiner Glasveranda mitten auf der Esplanade gilt schon seit Generationen als Helsinkier Institution. Immer noch spürt man die Atmosphäre jener Zeit, als hier Jean Sibelius ein und ausging, auch wenn das Interieur modern ist. Im Kappeli sind mehrere gastronomische Highlights unter einem Dach vereint: Im BarCafé gibt es von morgens bis abends backfrische Croissants, Sandwiches und Köstlichkeiten für den kleinen Hunger. Im Restaurant ›Kappeli Sali‹ zaubert Küchenchef Henry Lybäck traditionelle wie innovative Gerichte, wobei man à-la-carte essen oder aus drei Drei-Gänge-Menüs wählen kann. Die Gartenwirtschaft im Sommer zählt zu den lebhaftesten Plätzen der Stadt. Und die Bar empfiehlt sich zum Ausklingenlassen eines schönen Tages. Bei noch moderaten Preisen wäre das Kappeli also eine gute Adresse – nur einen Platz bekommt man nicht so leicht …

Kellarikrouvi (H 5)
Pohjoinen Makasiinikatu 6,
00130 Helsinki
Tel. 09 686 07 30
www.royalravintolat.com/kellarikrouvi
Mo–Sa 18–24 Uhr
Tram 1/1A
HG 15–29 €, Drei-Gänge-Menü ›Helsinki‹ 43 €
Die Gaststätte befindet sich nahe der Esplanade in einem denkmalgeschützten Haus. Sie besteht aus einem populären Restaurant mit Bar im Erdgeschoss und einem Restaurant unter den Ziegelstein-Gewölben des Kellers. Es gibt verfeinerte finnische Küche und die Preise sind noch nicht abgehoben.

Kosmos (G 5)
Kalevankatu 3, 00100 Helsinki
Tel. 09 64 72 55,
www.ravintolakosmos.fi
Mo–Fr 11.30–1, Sa 16–1 Uhr
Tram 3T/3B, 4/4T, 7A/7B, 10
HG 15–25 €, 3-Gänge-Menü 40 €

Essen & Trinken

Legendäres Restaurant, das seit seiner Eröffnung im Jahre 1924 von der gleichen Familie betrieben wird. Seit den 1950er-Jahren hat das Kosmos einen Ruf als Lokal der Boheme, vor allem Schriftsteller machten es zu ihrem ›Wohnzimmer‹ – und bis heute ist das Kosmos Künstler-Restaurant geblieben. Die Einrichtung ist hell und elegant, die Küche lebt von den Klassikern wie Wiener Schnitzel, Vorschmack und eingelegtem Hering ebenso wie von innovativer finnischer Kochkunst. Was die drei jungen Chefs zaubern, ist die kulinarische Expedition zum Kosmos Wert – ob bei den täglich wechselnden Menüs oder ob à-la-carte. Die Preise sind noch moderat: 13 € für den Vorspeisenteller ›Finnische Antipasti‹ mit Baltischem Hering, Lachs, geräuchertem Ren, Pilzsalat und finnischem Käse sind nicht zu viel, auch die Borschtsch (11 €) oder das Rentierfilet (26 €) sind angemessen teuer.

Lasipalatsi (G 5)
Mannerheimintie 22–24
00100 Helsinki
Tel. 09 742 42 90
www.ravintola.lasipalatsi.fi
Restaurant: Mo–Fr 11–24,
Sa 14–23 Uhr
Café: Mo–Fr 7.30–23, Sa–So 9–23 Uhr
Tram 3T/3B, 4/4T, 7A/7B, 10
HG 20–30 €,
3-Gänge-Menü ›Helsinki‹ 49 €
Die 30er-Jahre-Architektur des ›Glaspalastes‹ (s. S. 88) findet man auch in den Gastronomiebetrieben wieder. Das Restaurant im Obergeschoss z. B. wartet nicht nur mit viel Platz und Helligkeit, sondern auch mit originalgetreuer Innenausstattung auf. Zum Lunch (11–14.30 Uhr) oder zum Abendessen gibt's finnische Klassiker wie Hering, Elch, Rentier oder Blinis genauso wie internationale Gerichte. Die Preise sind noch moderat, der Service aufmerksam. Ein Stockwerk tiefer gibt es im ›Café Lasipalatsi‹ von morgens bis abends Sandwiches, Salate und andere kleinere Gerichte. Die Stimmung ist hier lockerer, das Publikum jünger.

Nokka (H 5)
Kanavanranta 7F, 00160 Helsinki
Tel. 09 687 73 30
www.royalravintolat.com
Mo–Fr 11.30–24, Sa 18–24 Uhr
Tram 4/4T, Bus 13
HG 21–30 €, 4-Gänge-Menü ›Helsinki‹ 58 €, Lunch-Menü 40 €
Schon der Empfang ist edel: brennende Fackeln weisen den Weg ins Innere dieses ehemaligen Speicherhauses direkt unterhalb der Uspenski-Kathedrale. Der unverputzte Backstein schafft innen wie außen eine warme Atmosphäre, die sorgfältig gedeckten Tische und das sparsame Dekor geben dem Ganzen zusätzlich eine elegante Note. Der Speisekarte sieht man an, dass sich Chef Matti Lempinen an dem orientiert, was das eigene Land hergibt. Viel aus den nordfinnischen Wäldern und Flüssen ist dabei, aber auch Pilze und Beeren der Helsinkier Märkte. Für die exzellenten Gaumenfreuden, die auch dem Auge viel zu bieten haben, muss man allerdings tief in die Tasche greifen.

Lappländische Küche

Lappi (G 5)
Annankatu 22, 00100 Helsinki
Tel. 09 64 55 50
www.lappires.com
Mo–Fr 12–22.30,
Sa–So 13–22.30 Uhr
Tram 6, Bus 13
HG 17–41 €, 3-Gänge-Menüs 40–60 €
Offensichtlich will das Lappi die Gäste

Essen & Trinken

Restaurant Elite, beliebt ist das reichhaltige Künstler-Menü

davon überzeugen, dass es im hohen Norden Holz in Hülle und Fülle gibt, so viel ist davon im Lokal verarbeitet! Eine deutlich rustikale Note also, auch die Gerichte kommen auf Holzplatten in den Gastraum. Was uns Chef Kimmo Martiskainen da hinauflegt, hat meist mit Rentier zu tun (Geschnetzeltes, Filet, Haxe, Zunge, Leber), aber es gibt auch Schneehuhn, Elch oder Weißwedelhirsch, Fischiges, Suppen und leckere Desserts. Damit auch Ausländer wissen, was sie bestellen, gibt es die Menükarte in vielen Sprachen, z. B. auf Deutsch.

Saaga (G 6)
Bulevardi 34, 00120 Helsinki
Tel. 09 74 25 55 44
www.asrestaurants.com
Mo–Fr 11.30–24, Sa 16–24 Uhr
Tram 6
HG 20–30 €

Das zweistöckige Saaga ist das jüngste Lokal in Helsinki, das sich ›lappländisch‹ nennt. Und es lässt schon bei der Inneneinrichtung keinen Zweifel über die gastronomische Linie aufkommen: Rentierfelle und -geweihe an den Wänden, Symbole der Sámi-Schamanentrommeln an Lampen, Fenstern und Bestuhlung. Und einige der Gerichte werden in rustikalen Gefäßen wie gusseisernen Töpfen und Holzschalen kredenzt. Chefköchin Elviira Mäenpää, vor Jahren noch zuständig für die Küche im Restaurant Saari (s. S. 49), macht mit typischen Fisch- und Fleischspeisen sowie frischen Zutaten der Saison tatsächlich einen kulinarischen Abstecher nach Lappland möglich. Dabei sind Hauptgerichte wie traditionell zubereitetes Rentiergeschnetzeltes oder geräucherte Maräne noch moderat – allerdings mit Ausreißern nach oben, z. B. die flambierten Bärenfrikadellen mit Pilzen für 41 €.

Essen & Trinken

Reif für die Inseln

BoatHouse (G 8)
Liuskasaari, 00150 Helsinki
Tel. 09 62 27 10 70
www.palacekamp.fi
Geöffnet vom 1. Mai bis zum Ende der Flusskrebssaison im Herbst
Mit Bus 17 bis zur Puistokatu, ab der Merisatamanranta Personenfähre
HG 24–31 €

Das Sommer-Restaurant auf der Insel Liuskasaari ist architektonisch und gastronomisch spannend. Die amerikanische Ostküste inspirierte die Architektur ebenso wie die Küche, hinzu kommen mediterrane und asiatische Gerichte, bei denen Fisch und Seafood überwiegen. Gutes Essen, tolle Aussicht, relaxte Atmosphäre – ein Ausgeh-Tipp für warme Tage und helle Sommernächte. Vom Kaivopuisto HSS Yacht Club an der Merisatamanranta bringen kleine Personenfähren die Gäste zum ›BoatHouse‹.

NJK (J 6)
Valkosaari, 00140 Helsinki
Tel. 09 639 261
www.royalravintolat.com/njk
Saison: Frühjahr bis Herbst, zu besonderen Anlässen auch im Winterhalbjahr
Tram 1/1A, 3T/3B bis zum Olympiakai, ab da Personenfähre
HG 19–32 €, Menüs 47–51 €

Das Lokal des altehrwürdigen Yachtclubs befindet sich in einer herrschaftlichen Holzvilla aus dem Jahre 1900 und thront aussichtsreich auf einer kleinen Insel in der Hafeneinfahrt. Von den verschiedenen Sälen und der breiten Veranda hat man einen fantastischen Blick auf's Stadtzentrum, die Halbinsel Katajanokka und die vorüberziehenden Fähren. Ein überaus beliebter Gourmet-Flecken für Flusskrebs-Essen und grö-

Krebsessen auf den Schären

Das alljährliche Krebsessen gehört zu den typischen und geselligsten kulinarischen Ereignissen. Erleben kann man es ab Mitte Juli, wenn die Fangzeit für Flusskrebse beginnt, bis etwa Mitte September. Die Finnen zelebrieren das Krebsessen am liebsten im Freundes- und Familienkreis, während Besucher sich diese Delikatesse am einfachsten in guten Restaurants schmecken lassen sollten. Billig ist die Sache nicht: auf dem Kauppatori kostet ein mittelgroßes Tier etwa 7 €, und für ein richtiges Dinner braucht man schon mindestens zehn Exemplare (bei preiswerteren Essen kann man sicher sein, dass die Rohware tiefgefroren importiert wurde). Die besten Restaurants in Helsinki, in denen man ein solches Ereignis erleben kann, sind die auf den Inseln und Schären. Jeder Gast bekommt ein neckisches Lätzchen gegen die Spritzer und ein Krebsmesser zum Öffnen der Scheren. Denn nur das Fleisch aus den Scheren und vom Schwanz ist genießbar. Man isst die Krebse auf warmem Toast, den man mit frischer Butter bestreicht und Dill darüberstreut. Etwas Zeit sollte man für ein solches Essen mitbringen – etwa fünf Stunden sind die Norm.

Und damit die Flusskrebse auch schwimmen können, dafür sorgen reichlich genossener trockener Weißwein und klarer Koskenkorva-Schnaps. Wenn dann noch frische Waldbeeren als Dessert dazukommen, ist das Ereignis perfekt.

Essen & Trinken

βere Gesellschaften. Die kleine Personenfähre startet nach Valkosaari von der Ehrenströmintie hinter dem Olympiaterminal.

Saari (G 7)
Sirpalesaari, 00150 Helsinki
Tel. 09 74 25 55 66
www.asrestaurants.com
Anfang Mai bis Ende September tgl. 11.30–24 Uhr
Mit Bus 14 bis Puistokatu, dann ab der Merisatamanranta Personenfähre
HG 22–27 €

Rund 200 m vor der Küste des Stadtteils Eira liegt dieses Ausflugsrestaurant, das mit seinem Balkon, der Außenterrasse und der Yacht-Bar allen entgegenkommt, die entspannt Sommertage, prächtige Ausblicke und gutes Essen genießen möchten. Finnische Spezialitäten stehen auf der Speisekarte, vor allem natürlich frischer Fisch. Und während der Flusskrebssaison gibt es kaum eine beliebtere Adresse. Gäste kommen zum Saari mit einem kleinen Personenboot, das jede volle Stunde an der Merisatamanranta (hinter dem Café Carusell) abgeht und jede halbe Stunde vom Anleger auf der Insel. Der Fährpreis von 3,50 € p. P. wird auf die Restaurantrechnung aufgeschlagen.

Savu (J 4)
Tervasaarenkannas 3, 00170 Helsinki
Tel. 09 135 14 50
www.asrestaurants.com
April bis Sept. tgl. 11–24,
Okt. bis Dez. Mo–Sa 11.30–24,
Jan. bis März Di–Sa 15–24 Uhr.
Bus 18
HG 14–28 €, 3-Gänge-Menüs 46–52 €
Da zur ›Teerinsel‹ eine Brücke führt, benötigt man hier keine Bootspassage, auch ist dieses Restaurant ganzjährig geöffnet. Es ist in einem alten Teer-Speicherhaus aus dem 19. Jh. untergebracht und hat viel Flair – im Sommer mit Außenterrasse und Veranda. Es gibt viel Fisch, hauptsächlich geräuchert, und Seafood zu moderaten Preisen, aber auch Fleisch- und vegetarische Gerichte – und in der Saison natürlich Flusskrebse satt.

Walhalla (Sonderkarte)
Suomenlinna A7, 00190 Helsinki
Tel. 09 66 85 52
www.restaurantwalhalla.com
So–Do 12–20, Fr–Sa 12–22 Uhr
Saison: 1. Mai bis Herbst, zu besonderen Anlässen auch im Winterhalbjahr
Mit Tram 1 oder 3B zum Kauppatori, ab da mehrmals stdl. Fährverbindung
HG 18–30 €, Lunchmenü 28–33 €, Dinner-Menü 41–51 €

Seit der Eröffnung des Kasematten-Restaurants im Jahre 1952 gilt das Walhalla zu Recht als beste kulinarische Adresse auf Suomenlinna. Hier genießt man grundsolide finnische Küche mit intenationalem Einschlag und sitzt unter niedrigen Gewölben – bei Sonnenschein ist die Terrasse eine bessere Option. Für den kleineren Hunger oder schmaleren Geldbeutel empfiehlt sich die angeschlossene Pizzeria Nicolai, und in der Bar nimmt man den Absacker vor dem Rückweg zur Fähre.

Russische Küche

Bellevue (J 5)
Rahapajankatu 3, 00100 Helsinki
Tel. 09 17 95 60
www.restaurantbellevue.com
Mo–Fr 11–24, Sa 13–24,
Tram 4/4T, Bus 13
HG 19–29 €, Bärensteak 67,80 €,
3-Gänge-Menüs 34–53 €

Essen & Trinken

Das älteste russische Restaurant der Stadt wurde noch in der Zarenzeit gegründet. Die Aufmachung ist edel und angenehm zurückhaltend, was folkloristisches Dekor betrifft. Im Schatten der Uspenski-Kathedrale werden russische Klassiker auf hohem Niveau offeriert, eine schöne Aussicht bietet das Bellevue allerdings nicht.

Kasakka (H 4)
Meritullinkatu 13, 00170 Helsinki
Tel. 09 135 62 88
www.kasakka.fi
Mo–Fr 12–24, Sa 15–24 Uhr
Bus 18
HG 19–39 €, 3-Gänge-Menü 42 €
Das Lokal im Kosaken-Look liegt wenige Gehminuten von der Domkirche entfernt im historischen Viertel Kruunuhaka. Es ist klein, verwinkelt und mit viel Plüsch, Zarenporträts und Kerzenlicht ausgestattet. Das Essen aber ist reichlich und gut (prima: Rentier-Schaschlik), und es gibt auch Speisen zu erschwinglichen Preisen.

Saslik (H 6)
Neitsytpolku 12, 00140 Helsinki
Tel. 09 74 25 55 00,
www.asrestaurants.com
Mo–Sa 12–24, So 10–23 Uhr
Tram 1/1A, 3T/3B
HG 23–45 €,
Gerichte mit Bärenfleisch 70–120 €
Seit 30 Jahren konnte sich das Saslik behaupten und es gilt als eins der besten russischen Restaurants in Europa. Die Lage zwischen Eira und Kaivopuisto passt, denn die russische Botschaft ist recht nah. Das Dekor der beiden Speisesäle ist ganz der Zarenzeit verpflichtet, und dazu gehören auch die allabendlichen Folklore-Veranstaltungen und die Menükarte. Hier findet man teure Gerichte, die z. B. bei den Vorspeisen eine Preisspanne von 7,20 € (Gewürzgurken) bis 150 € (Blinis mit Kaviar) umfassen. Also kein billiges Vergnügen, das man sich auch nur leisten sollte, wenn man ein Faible für die russische Küche und nichts gegen Musikanten am Tisch hat.

Troikka (E 4)
Caloniuksenkatu 3, 00100 Helsinki
Tel. 09 44 52 29, www.troikka.fi
Di–Sa 17–24 Uhr
Tram 8, Bus 24
HG 20–26 €
Traditionsreiche Gaststätte nahe der Tempelkirche, mit überbordender Inneneinrichtung. Die Portionen sind reichhaltig und schmackhaft, vom kalten Vorspeisenteller Zakuski über Suppen wie Soljanka und Borschtsch bis zu Hauptspeisen wie Hühnchen Kiew, Filet Stroganoff, Pfeffersteak und Lammschaschlik. Und die Preise sind moderater als bei den meisten anderen ›Russen‹ in Helsinki.

Seafood & Fisch

Havis (H 5)
Eteläranta 16, 00130 Helsinki
Tel. 09 68 69 56 60
www.royalravintolat.com
Mo–Fr 11.30–24, Sa 17–24 Uhr
Tram 1/1A, 3T/3B
HG 21–35 €, ›Menü Havis‹ 69 €
Auch hier ist die Location für ein Fischrestaurant gut gewählt – nächste Nachbarn sind die Alte Markthalle und das Hafenbecken. Das Lokal befindet sich in einem alten Kapitänshaus, das ebenso sorgfältig restauriert wurde wie seine maritimen Wandmalereien. Im Kontrast dazu steht der Barbereich mit viel Halogenlicht und blau gehaltenen Mosaiksteinchen. Für Frische und Qualität

Essen & Trinken

bürgt Juuse Mikkonen, ein junger Koch, der schon in Amsterdam, auf den Bermudas und in Oslo tätig war. Der Chef des ›Helsinki Restaurant of the Year‹ der Jahre 2006 und 2007 holt die Zutaten für seine Kreationen hauptsächlich aus dem Schärengarten sowie den Seen und Flüssen Finnlands.

Fishmarket (H 5)
Pohjoisesplanadi 17, 00170 Helsinki
Tel. 09 13 45 62 20
www.ravintolaopas.net/fishmarket
Mo–Sa 17–24 Uhr
Tram 3T/3B, Bus 24
HG 9–26 €

Natürlich ist der Standort Programm: direkt am Marktplatz, in Sichtweite der Figur Havis Amanda und des Hafens, muss hier einfach ein Lokal sein, das sich ausschließlich dem nassen Element widmet. Der Chefkoch Marko Koskinen, dem auch das darüberliegende Sasso (s. S. 53) gehört, hat es geschafft, den ›Fishmarket‹ seit seiner Eröffnung im Jahr 2003 als anerkannten Treffpunkt von Fischliebhabern zu etablieren, ohne dabei die Grenzen des Bezahlbaren zu sprengen. Das Lokal im klaren skandinavischen Stil bietet eine kleine, aber feine Speisekarte, die keine Wünsche offen lässt. Wenn man allerdings weder Fisch noch Seafood mag, dann bleiben einem hier nur die Desserts. An der Seafood Bar bekommt man z. B. Austern stückweise oder fantastisch zusammengestellte Fisch-/Seafood-Platten.

Spitzenreiter

Savoy (H 5)
Eteläesplanadi 14, 00130 Helsinki
Tel. 09 684 40 20
www.ravintolaopas.net/savoy
Mo–Fr 11.30–14.30, 18–24 Uhr
Tram 3T/3B, 6, Bus 24
HG 36–42 €, 5-Gänge-Menü ›Savoy‹ 109 €, Lunch-Menü 58 €

Das Gourmet-Restaurant liegt im achten Stock eines Geschäftshauses an der Esplanade mit herrlichem Ausblick auf die Stadt. Berühmt ist es wegen seiner elegant-schlichten Einrichtung, die 1937 bis ins Detail von Alvar Aalto gestaltet wurde. Und natürlich wegen seines zwar unerschwinglich teuren, aber auch superben Essens. Internationale und finnische Spezialitäten wie ›Vorschmack‹ werden zu echten Erlebnissen – wenn man sie sich denn leisten kann.

Chez Dominique (G 5)
Rikhardinkatu 4, 00130 Helsinki
Tel. 09 612 73 93
www.chezdominique.fi
Di–Sa 18–24 Uhr
Tram 3T/3B, 6, 10
HG 77 € (2 Gänge) und 95 € (3 Gänge), Lunchmenü 39 €,
4-Gang-Menü ›Surprise‹ 95 €,
6-Gang-Menü 129 €

Glaubt man den unbestechlichen Michelin-Testern, heißt der kulinarische Spitzenreiter von ganz Finnland Chez Dominique. Sein junger Chef Hans Välimäki schaffte innerhalb von fünf Jahren den Aufstieg zum Superstar in ganz Skandinavien, nachdem er das Restaurant 1998 übernommen hatte, 2001 seinen ersten Michelin-Stern bekam und 2002 den zweiten, den er auch in den Jahren 2003-08 behielt. Ende 2006 hat das Chez Dominique seine neuen Räumlichkeiten auf der Rikhardinkatu bezogen, mitten im Design-Distrikt. Um einen der 50 Sitzplätze zu ergattern, sollte man weit im Voraus reservieren. Der überschaubare Speisesaal ist fast schon karg und ohne jeglichen Schnickschnack eingerichtet. Überschaubar ist

Essen & Trinken

auch die Speisekarte: fünf Vor-, vier Haupt-, sechs Nachspeisen. Was das junge Team dann aber auf die Teller zaubert, ist wirklich das Geld wert; es gibt außerdem durchaus teurere Lokalitäten in Helsinki. Und wer sparen will, kocht einfach das Rezept nach, das Välimäki jeden Monat auf seiner Website vorstellt.

Weltküche

Baker's (G 5)
Mannerheimintie 12
00100 Helsinki
Tel. 09 612 63 30, www.bakers.fi
Mo–Fr 7–4, Sa–So 13–4 Uhr
Tram 3T/3B, 4/4T, 7A/7B, 10
HG 12–50 €, mehrere 3-Gänge-Menüs 33–41 €
Zentral gelegenes Steakhouse mit jüngerem Publikum. Auf der Speisekarte stehen riesige Burger, Salate, Pasta und natürlich Steaks in allen Variationen und Gewichtsklassen. Aber das Baker's ist noch mehr: Hier kann man werktags frühstücken, es gibt einen respektablen Mittagstisch und an der Bar wird bis zum frühen Morgen getrunken. Ungewöhnlich für ein Steakhouse: Auch eine Sauna gehört dazu!

Grecia (J 5)
Katajanokanlaituri 5
00165 Helsinki
Tel. 09 61 24 65 95
www.grecia.fi
Mo, Di 11–22, Mi, Do 11–23,
Fr 11–4, Sa 12–4, So 13–21 Uhr
Tram 4/4T, Bus 13
HG 15–28 €
Ein nicht gerade billiger ›Grieche‹, den man in einem alten Zollgebäude auf der Katajanokka-Halbinsel findet, auch die Einrichtung mit Holzvertäfelung, Kronleuchtern und Teppichen sieht nicht authentisch nach Hellas aus. Auf der Speisekarte aber gibt es ausschließlich Bekanntes, die Portionen sind reichlich und das Essen schmeckt gut.

La Cocina (H 6)
Eteläranta 10
00130 Helsinki
Tel. 09 13 45 67 49
www.palacekamp.fi
Mo–Fr 11.30–14.30, 17–23/24,
Sa 17–24 Uhr
Tram 1/1A, 3T/3B
HG 19–29 €, Menüs 54–72 €
Das Trend-Restaurant am Rande des Design-Distriktes überrascht mit einer clubähnlichen Einrichtung und einer experimentierfreudigen katalonisch-baskischen Küche. Der Küchenchef und Mitinhaber Sami Rekola gehört zu den interessantesten Figuren der Helsinkier Gastronomie. Er hat sich seine Meriten in London und der Creme der finnischen Restaurants verdient und wurde bei mehreren internationalen kulinarischen Events ausgezeichnet. Wie in Nordspanien werden im La Cocina weniger opulente Hauptgerichte als Vorspeisen angeboten, die man beliebig kombinieren kann. Es gibt aber auch mehrgängige Lunch- und Dinnermenüs.

Parrilla Espanola (G 5)
Eerikinkatu 4
00100 Helsinki
Tel. 09 60 33 05
www.parrillaespanola.fi
Mo–Fr 11.30–24, Sa 17–24 Uhr
Bus 13
HG 16–28 €
Lebhaftes, recht zentral gelegenes Lokal mit spanischer Küche. Altersmäßig gut gemischtes Publikum, das sich an Tapas oder Klassikern wie der Paella für zwei Personen erfreut.

Essen & Trinken

Aussichtsreich: die Ateljee-Bar des Hotel Torni

Sandeep (F 6)
Lönnrotinkatu 22
00120 Helsinki
Tel. 09 685 62 06
www.sandeep.fi
Mo–Fr 10.30–23, Sa–So 12–23 Uhr
Tram 6
HG 9,50–17,50 €
Ein vergleichsweise schlicht eingerichtetes und auch preiswertes indisches Restaurant; trotzdem lecker, besonders das Lamm Tikka und diverse Tandoori-Gerichte (um 15 €).

Sasso (H 5)
Pohjoisesplanadi 17
00170 Helsinki
Tel. 09 13 45 62 40
www.ravintolaopas.net/sasso
Mo–Fr 11.30–24, Sa 13–24 Uhr
Tram 3T/3B, Bus 24

HG 17–26 €, Vorspeisen 11–17 €, ›Menü Sasso‹ 59 €, Lunch 7–19 €
Das ziemlich neue Restaurant gehört ebenso wie der darunterliegende Fishmarket (s. S. 51) dem Kochstar Marko Koskinen, der vorher u. a. die Küche der Finnischen Botschaft in London leitete. An perfekter Stelle im Herzen der Stadt hat er hier mit dem Sasso eine moderne Gaststätten-Konzeption verwirklicht, in der Café, Weinbar, Bar und Speiserestaurant zusammenkommen. Im Restaurant-Bereich wird frische, norditalienische Küche vom Feinsten geboten – bei Preisen, die nicht völlig abheben. Sympathisch auch die überschaubare, häufig wechselnde Speisekarte. Tipp: Wer nur mal ›reinschmecken‹ möchte, sollte zum Mittagessen vorbeikommen, bei nur acht Gerichten fällt die Wahl leicht.

Finnisches Design bei Marimekko

Einkaufen

Shoppingmeilen

Die berühmte **Esplanade (G/H 5)** im Herzen der Stadt ist nicht nur Park und Flaniermeile (S. 86), sondern seit Generationen die Top-Adresse für den Einkaufsbummel. Vor allem die ›**Nördliche Esplanade‹, Pohjoiesplanadi,** erscheint wie das finnische Who's Who der etablierten Geschäfte. Am oberen Ende befinden sich hinter der roten Ziegelsteinfassade das Warenhaus **Stockmann,** nahebei die noble **Kämp Galleria**. In dieser Gegend findet man die namhaftesten finnischen Mode- und Designmarken, z. B. Anteeksi, Arabia, Iittala, Helky, Marimekko, Pentik und Vuottu. Die ›**Südliche Esplanade‹, Eteläesplanadi,** kann mit diesem Großaufgebot nicht mithalten, hat aber auch gute Shopping-Adressen – etwa den Design-Laden **Artek**.

Das zentrale Shoppingviertel zwischen Esplanade und **Bahnhofsplatz (G 4)** wird hauptsächlich geprägt von Einkaufszentren wie Aleksi13, Kluuvi, WorldTradeCenter oder City-Center. Die mehrgeschossigen Malls setzen sich unter Straßenniveau fort, und mittels Tunnel und Passagen ist Kaufhaus-Hopping trockenen Fußes möglich – bis hin zum Bahnhof.

Ist das Wetter schön, macht es aber mehr Spaß, das Shoppingparadies beim Bummel über Haupt-und Querstraßen zu erkunden – vorbei an außergewöhnlich gestalteten Schaufenstern, netten kleinen Läden und Straßenmusikanten. Von der Esplande geht man am besten über die **Mikonkatu,** eine Fußgängerzone mit überdachtem Hof, oder über die **Fabianinkatu.** Die nächste Parallelstraße ist die belebte, autofreie **Aleksanterinkatu,** die die Mannerheimintie mit dem Senatsplatz verbindet. Hier kauft man bevorzugt Schuhe, Kleider und Schmuck.

Das dritte große Einkaufsquartier ist der **Design-Distrikt (G 5/6),** der sich südwestlich der Esplanade befindet. Es beginnt am Diana-Park nahe dem Design Forum bzw. Design Museum. Junge Mode, Accessoires, Möbel, Hair Stylistik, Clubs und Hybridrestaurants, Boutique-Hotels und Werbeagenturen – all das macht das Viertel für eine hauptsächlich jüngere Kundschaft interessant. Am heftigsten tobt das Leben in der Fußgängerzone **Iso Roobertinkatu** und der parallelen **Uudemaankatu.** Nördliche Grenze ist die breite Verkehrsachse **Bulevardi** – eine gute Adresse für Kunst, Antiquitäten und Lederwaren. Im Westen geht der Distrikt bis zur Fredrikinkatu und darüber hinaus. Hier werden in kleinen, persönlichen Boutiquen vor allem Mode und Innendekoration verkauft.

Einkaufen

Die Shopping-Möglichkeiten westlich der Verkehrsader **Mannerheimintie (F/G 5)** haben in den letzten Jahren enorm zugenommen. Zuerst entstand hier das auf mehreren Ebenen angelegte **Forum** als größtes Shopping Center in der Innenstadt. Der restaurierte ›**Glaspalast**‹ Lasipalatsi hat sich ebenfalls zur Einkaufsadresse gemausert, vor allem was Artikel wie Handys, Kameras und PCs angeht. Daran grenzt das modernste Beispiel einer Einkaufsgalerie an, das **Kamppi.** Auch in den nach Westen führenden Straßen **Eerikinkatu, Urho Kekkosen katu und Salomonkatu** wird das Warenangebot von Jahr zu Jahr größer.

Andere Stadtteile

Die Einkaufsmöglichkeiten sind in der finnischen Hauptstadt natürlich nicht auf die genannten Viertel beschränkt. Direkt nördlich der Domkirche z. B., in **Kruununhaka,** gibt es eine gewisse Konzentration an Antiquitätenläden und Kunstgalerien. Das typisch bürgerliche Viertel wird sich deshalb wohl aber nicht zu einem angesagten Einkaufsparadies wandeln.

Anders könnte es weiter nördlich im ehemaligen Arbeiterquartier **Kallio** kommen, dessen Szene sich gerade stark verändert. Noch sieht man rings um den ›Bärenplatz‹ nahe der Kallio-Kirche eher Sex Shops oder Piercing-Studios. Aber schon haben sich in der Nachbarschaft erste Kunstgalerien eingeschlichen, gibt es Boutiquen und Läden für die junge Klientel.

Südlich des Zentrums strahlt besonders der Design-Distrikt auf seine Umgebung aus. Bereits jetzt flankiert eine bunte Mischung von Läden aller Art vor allem die nach Süden führenden Straßen Korkeavuorenkatu und Kasarmikatu.

Antiquitäten

Finnische Antiquitäten sind interessant wegen der spezifischen Ost-West-Lage, sodass man Dinge noch aus der schwedischen, aus der russischen und aus der eigenständig-finnischen Epoche finden kann. Antiquitätenläden sind über die ganze Stadt verstreut, eine gewisse Konzentration findet man aber hinter der Domkirche entlang der Mariankatu, der Kirkkokatu und ihrer Nebenstraßen.

Antik Karl Fredrik (H 4/5)
Mariankatu 13, 00170 Helsinki
Tel. 09 63 00 14
www.antik-karlfredrik.com
Tram 4/4T
Möbel, Bilder, Accessoires aus dem 18./19. Jh.

Kaunis Arki (H 4/5)
Mariankatu 17 u. 20, 00170 Helsinki
Tel. 09 622 45 21, www.antik-design.fi
Di–Do 16–18, Sa 12–15 Uhr
Tram 4/4T
Lampen, Glas und Möbel von 1910–1980.

Bücher und CDs

Akateeminen Kirjakauppa (G 5)
Pohjoisesplanadi 39, 00100 Helsinki
Mo–Fr 9–21, Sa 9–18 Uhr
Tram 3T/3B, 4/4T, 7A/7B
Die ›Akademische Buchhandlung‹ ist eine der größten (und schönsten) Buchhandlungen Europas. Sie hat auch viele Fachbücher und Belletristik in englischer Sprache im Angebot.

Combat Rock Shop (F 5)
Fredrikinkatu 58, 00100 Helsinki

Einkaufen

www.fireinsidemusic.com
Mo–Fr 11–18, Sa 11–15 Uhr
Tram 3T/3B, 6
Plattenladen im Design-Distrikt, mit Beratung über und Verkauf von Punk-Labels – Fans können das Angebot aber auch über die Website sichten und ordern.

Digelius (G 6)
Laivurinrinne 2, 00120 Helsinki
Tel. 09 66 63 75
www.digelius.com
Mo–Fr 11–18, Sa 10–16 Uhr
Tram 3T/3B, 10
Das weithin bekannte Digelius hat eine fantastische Kollektion seltener Jazz-Platten sowie Folk, Weltmusik und Finnisch-Exotisches im Angebot.

> **Geld kaufen?**
>
> In Finnland werden alle Preise so gestaltet, dass man keine 1- oder 2-Cent-Münzen benötigt. Diese sind dementsprechend rar und von Münzsammlern in aller Welt begehrt. Früher orderten Touristen solche Münzen in den Banken gleich kiloweise, heute ist das nicht mehr möglich. Deshalb wird an allen möglichen Stellen Reklame für den Verkauf von Geld gemacht, interessanterweise vor allem an Cafés. Wer z. B. das Café Neuhaus an der Unioninkatu 32 (zwischen Senatsplatz und Esplanade) besucht, findet neben Torten und belgischen Pralinen auch die finnischen Cent-Münzen – gegen kräftigen Aufpreis, versteht sich. Aber eine Rolle 2-Cent-Münzen (50 Stk.) für 9,90 € kann beim Wiederverkauf in Deutschland trotzdem noch ein gutes Geschäft werden.

Eronen (G 6)
Laivurinrinne 2, 00120 Helsinki
Tel. 09 63 88 16, www.dubjazzsalsa.com
Di–Fr 12–18, Sa 11–16 Uhr
Tram 3T/3B, 10
Beste Beratungs- und Verkaufsadresse für Soul und Reggae.

Lifesaver Records (G 6)
Laivurinrinne 41, 00120 Helsinki
Tel. 09 63 00 51, www.lifesaver.net
Mo–Fr 12–19, Sa 11–17 Uhr
Tram 3T/3B, 10
Musikladen mit Themenschwerpunkt Rythm und HipHop – hier stehen auch aus Helsinkier Clubs bekannte DJs hinterm Ladentisch.

Stupido Shop (F 5)
Iso Roobertinkatu 23, 00120 Helsinki
Tel. 09 64 69 90, www.stupido.fi
Mo–Fr 9–20, Sa 10–18 Uhr
Tram 3T/3B, 10
CD-&-Vinyl-Shop im Design-Distrikt mit einem breiten Musikangebot aller Stilrichtungen; in unmittelbarer Nachbarschaft ist das Label Stupido Records zu Hause, das finnische Musik herausbringt.

Suomalainen Kirjakauppa (G 5)
Aleksanterinkatu 23, 00100 Helsinki
Tel. 09 405 42 00
www.suomalainen.com
Mo–Fr 9–20, Sa 9–18 Uhr
Tram 3T/3B, 4/4T, 7A/7B
Der herkömmliche Buchladen hat eine große Auswahl an Büchern, Magazinen, Zeitungen, Reiseliteratur, Landkarten, Postkarten etc. Eine Filiale findet man im Kamppi-Komplex.

Vinyl Lounge (G 5)
Yliopistonkatu 8, 00100 Helsinki
Tel. 09 43 32 65 51, www.vinyl.fi
Tram 3T/3B, 4/4T, 7A/7B

Einkaufen

Eine ungewöhnliche Kombination nahe der Universität: Plattenladen mitsamt einer coolen Bar, in der hauptsächlich House läuft.

Finnish Design

Aero (G 5)
Yrjönkatu 8, 00120 Helsinki,
Tel. 09 680 21 85,
www.aerodesignfurniture.fi
Mo–Fr 10–18, Sa 10–16 Uhr
Tram 3T/3B, Bus 13
Laden mitten im Design-Distrikt, in dem verschiedene Labels verkauft werden, in erster Linie Möbel und Accessoires für Büro und Zuhause.

Artek (G 5)
Eteläesplanadi 18, 00130 Helsinki
Tel. 09 61 32 50, www.artek.fi
Mo–Fr 10–18, Sa 10–16 Uhr
Tram 3T/3B, 6, 10
Artek wurde 1935 von Alvar Aalto und anderen jungen finnischen Designern gegründet, um ihre Produkte besser vermarkten zu können. Bis heute ist Artek eine weltweit bekannte und angesehene Marke. Im Stammhaus an der Südlichen Esplanade werden typische Designstücke von A. Aalto und seiner Werkstatt verkauft, aber auch andere Klassiker wie der Barcelona Chair von Mies van der Rohe – gutes, zeitloses Design zu hohen Preisen.

Design Forum Shop (G 5)
Erottajankatu 7, 00130 Helsinki
Tel. 09 622 08 13, www.designforum.fi
Mo–Fr 10–19, Sa 10–18, So 12–18 Uhr
Tram 3T/3B, 6, 10, Bus 24
Der Verkaufsladen des Design Forums, das in mehreren Etagen einen Überblick über Strömungen der letzten Jahre gibt. Hundertprozentig finnisches Design, funktional und dauerhaft, beste Verarbeitung, noch erschwinglich – vielleicht kauft man ja einen Klassiker von morgen? Rund um das Forum gibt es jede Menge weiterer Design-Läden.

Designor (H 5)
Pohjoisesplanadi 25, 00100 Helsinki
Tel. 09 39 35 01
Mo–Fr 10–18, Sa 10–16 Uhr, Bus 24
Esplanaden-Shop mit Design-Produkten aus Porzellan, Glas, Keramik, Edelstahl und Gusseisen, u. a. der Firmen Arabia, Iittala, Hackman. Restposten, Einzelstücke, Auslaufmodelle, aber alles 1. Wahl.

Formverk (G 5)
Annankatu 5, 00120 Helsinki
Tel. 09 621 46 11, www.formverk.fi
Mo–Fr 10.30–18, Sa 11–15 Uhr
Tram 3T/3B, 6
Das arrivierte Unternehmen wurde 1993 gegründet und vertritt rund drei Dutzend Designer, vor allem aus Finnland, Schweden und Italien. Angeboten werden Gebrauchsmöbel (Schlafzimmer, Küche, Essen, Wohnen, Bad), Gartenmöbel und Accessoires von hoher Qualität. Formverks bekanntester Möbeldesigner ist Kenneth Wikström.

Helsky Taito Shop (H 5)
Unioninkatu 21, 00130 Helsinki
Tel. 09 68 77 56 25, www.helsky.net
Mo–Fr 10–18, Sa 10–16, So 12–16 Uhr
Tram 1/1A, 3T/3B
Laden der ›Freunde des Helsinkier Kunsthandwerks‹ am Anfang der Esplanade. Hier wird alles verkauft, von Vasen über Teppiche und Stoffe bis zu Glas, Keramik und T-Shirts, Gebrauchskunst und Industriedesign, und das zu moderaten Preisen.

Lux Shop (G 6)
Uudenmaankatu 26, 00130 Helsinki

Einkaufen

Tel. 09 67 85 38, www.lux-shop.fi
Mo–Sa 12–18 Uhr, Tram 3T/3B, 6
Zusammenschluss von jungen Designern, die hier ihren gemeinsamen Laden haben. Verkauft werden höchst unterschiedliche Produkte, Keramik, Mode, Bücher etc. Jeder Designer hat zusätzlich seine eigene Werkstatt und seine eigene Website.

Tomorrow's Antique (G 5)
Runeberginkatu 35, 00180 Helsinki
Tel. 050 643 20
www.tomorrowsantique.com
Di–Fr 11–17, Sa 11–15 Uhr
Tram 6, Bus 20
Hochwertige Möbel und Designprodukte aus der Zeit von 1930 bis 1970, u. a. von Aalto, Wirkkola, Saarinen, aus eigenem Bestand oder gebraucht. Auch Ankauf von Möbel-Klassikern, Verkauf auch via Internet. Showroom und Shop in der Hietalahdentori-Markthalle.

Kaufhäuser und Einkaufszentren

Aleksi 13 (G 5)
Aleksanterinkatu 13, 00100 Helsinki
Tel. 09 13 14 41, www.aleksi13.fi
Mo–Fr 9–20, Sa 9–18 Uhr
Tram 3T/3B, 4/4T, 7A/7B
In diesem schönen, denkmalgeschützten Kaufhaus nahe der Kämp Galleria findet man ausschließlich schicke Mode und Alltagskleidung aus finnischen und internationalen Häusern, ebenso eine große Schuhabteilung.

City-Center (G 5)
Keskuskatu, 00100 Helsinki
www.city-center.fi
Mo–Fr 9–20, Sa 9–18 Uhr
Tram 3T/3B, 6, Bus 15 A,
Metro: Rautatientori
Großer Komplex gegenüber dem Bahnhof mit 50 Geschäften (Bücher, Handys, Musik, Fotowaren, Schmuck, Mode, Schuhe) und 20 Cafés, Restaurants und Fast-Food-Filialen. Von den drei Stockwerken ist eines unterhalb des Bahnhofsvorplatzes (Tunnelin Kukka). Im City-Center befinden sich auch ein Ärztezentrum, Friseure, Banken und ein Parkhaus.

Forum (G 5)
Mannerheimintie 20, 00100 Helsinki
Tel. 09 64 22 10, www.cityforum.fi
Mo–Fr 9–21, Sa 9–18, So 12–18 Uhr
Tram 3T/3B, 4/4T, 7A/7B, 10
Das größte Shopping Center in der Innenstadt. Auf verschiedenen Ebenen gibt es rund 120 Läden mit Elektroartikeln, Feinkost und Mode, darunter viele Filialen bekannter finnischer Marken. Kunden finden hier auch eine gute und preisgünstige Gastronomie.

Itäkeskus (außerhalb)
Itäkeskus, Itäkatu
Tel. 09 343 10 05, www.itis.fi
Mo–Fr 8–22, Sa 8–20.30,
So 9–20.30 Uhr
Metro: Itäkeskus
Skandinaviens größtes Einkaufszentrum liegt am östlichen Stadtrand nahe der Kreuzung der Ringstraße Kehä I mit der Straße 170 (Itäväylä), ohne Wagen erreicht man es am besten in 15 Minuten mit der Metro über die gleichnamige Station. Das Itäkeskus umfasst gigantische 96 500 m^2 Fläche. Zur interessanten Architektur gehören glasüberkuppelte, bis 200 m lange Einkaufsstraßen und eine zentrale Piazza. Die Mall verfügt über 240 Einzelgeschäfte, darunter auch Kaufhäuser wie Stockmann, Factory Outlets, Banken, Kinos, Apotheken, ein Info Center sowie mehr als 30 Restaurants und Cafés.

Einkaufen

Kämp Galleria (G 5)
Pohjoisesplanadi 29
00100 Helsinki
www.kampgalleria.fi
Mo–Fr 10–20, Sa 10–17 Uhr,
im Sommer auch So 12–16/17/18 Uhr
Tram 3T/3B, Bus 13

Klar, dass das zur Nobelherberge gehörende Einkaufszentrum nur eine Top-Adresse sein kann. Hier findet man Mode-, Schmuck- und Design-Läden auf hohem (Preis-)Niveau, außerdem Parfümerien, Cafés und Restaurants.

Kamppi (G 5)
Mannerheimintie/Frederikinkatu,
00100 Helsinki
www.kamppi.fi
Mo–Fr 9–21, Sa 9–18,
So 12–19 Uhr
Metro: Kamppi

Das Kamppi nimmt einen ganzen Block im Zentrum ein. Außer einem sechs Etagen hohen Einkaufszentrum beherbergt der Komplex ein Parkhaus, Busbahnhof und Metrostation, eine Food Mall, Supermärkte, Galerien, Apotheken, Apartment-Wohnungen, Büros und den größten Nightclub der Stadt.

Kluuvi (G 5)
Aleksanterinkatu 9, 00100 Helsinki
www.kluuvi.fi
Mo–Fr 10–19, Sa 10–16 Uhr
Tram 3T/3B, 4/4T, 7A/7B

Zentral gelegenes Kaufhaus mit knapp 40 Boutiquen und Läden, die einen Querschnitt des nationalen und internationalen Warenangebotes präsentieren. Cafés und Imbiss-Restaurants sorgen für das leibliche Wohl.

Stockmann (G 5)
Aleksanterinkatu 52
00100 Helsinki
www.stockmann.fi
Mo–Fr 9–21, Sa 9–18, So 12–18 Uhr
Tram 3T/3B, 4/4T, 7A/7B

Stockmann ist das bekannteste Kaufhaus Finnlands und, wie es in Helsinki heißt, auch das größte in Skandinavien. Im etwas verwirrenden, mehrfach erweiterten Stammhaus zwischen Esplanade und Mannerheimintie breitet sich auf vielen Etagen ein üppiges Warenangebot aus, u. a. Parfum, Haushaltswaren, Souvenirs, Mode und Delikatessen. Cafeteria und ein gutes Restaurant findet man im 6. Stock.

Arabia-Center und Museum

Das Arabia-Center (Arabiakeskus) liegt an der Hämeentie 135A, etwas außerhalb nördlich des Zentrums. Rings um die alte Arabia-Manufaktur findet man hier die größte und bestsortierte Auswahl der bekannten Produkte von Firmen wie Arabia, Iittala, Hackmann, Rörstrand und BodaNova. Dabei handelt es sich um Designware aus Glas, Keramik, Holz, Steingut, Edelstahl und Kunststoff, hauptsächlich für den Haushalt gedacht (Geschirr, Besteck, Vasen, Geräte etc.), aber auch gefragt als Sammler- und Schmuckobjekte. Zum Center gehören Fabrikshops u. a. mit Sonderangeboten und Restposten, daneben gibt es auch eigene Läden von Pentik und Opa. Den Ausflug kann man verbinden mit einem Besuch des **Arabia Museum & Gallery** (Di–Fr 12–18, Sa–So 10–16 Uhr). Nach Voranmeldung sind auch geführte Fabrikbesichtigungen möglich.
Arabia-Center: Mo–Fr 10–20, Sa–So 10–16 Uhr, Tel. 0204 39 35 07, www.arabia.fi, www.iittala.com, Tram 6 oder Bus 68, 71, 74, 77

Einkaufen

Märkte und Flohmärkte

Die innerstädtischen Märkte und Markthallen zählen zu den Wahrzeichen Helsinkis, und ein Besuch zumindest des zentralen Marktplatzes Kauppatori ist ein touristisches Muss.

Kauppatori (H 5)
Mo–Sa 6.30–14 Uhr, im Sommer auch So vormittags, Alte Markthalle Mo–Fr 8–17, Sa 8–15 Uhr
Tram 1/1A, 3T/3B, 7A/7B, Bus 13
Der zentrale Marktplatz (S. 87) ist das Wahrzeichen von Helsinki, das Herz der Hauptstadt, die gute Stube, in der sich Einheimische und Touristen, Fischer und Geschäftsleute zusammenfinden. Hier kann man ganzjährig Obst und Gemüse, Fisch und Meeresfrüchte, Beeren und Blumen kaufen – sowie zunehmend auch Kunsthandwerk und – freilich nicht immer geschmackssichere – Souvenirs. Im Sommer entfaltet sich im Gedränge zwischen den kunterbunten Marktständen fast schon südländisches Temperament. Dann wird nach einer kurzen Pause um die Mittagszeit ein **Touristenmarkt** eröffnet, der oft mit Entertainment und Cafés bis um 20 Uhr geht. Anfang Oktober findet hier der **Heringsmarkt** statt, auch er ein Hauptevent der Stadt. Ebenso außergewöhnlich wie der Markt ist die **Alte Markthalle** (Vanha Kauppahalli) von 1888. In dem rot-weißen Backsteingebäude gibt es zwei kleine Cafés, aber vor allem werden hier finnische Köstlichkeiten wie Rentierschinken oder Moltebeer-Marmelade verkauft – dazu auch Gourmet-Brötchen, die man an Ort und Stelle gleich verputzen kann.

Hakaniementori (H 3)
Mo–Sa 6.30–14 Uhr,
Hakaniemi-Markthalle: Mo–Do 8–17,
Fr 8–18, Sa 8–15 Uhr
Tram 1/1A, 3T/3B, 6, 7A/7B,
Metro: Hakaniemi
Auf dem großen Platz von Hakaniemi, umringt von hohen Geschäftshäusern, Banken, Hotels und einem burgähnlichen Theater, wirken die Marktstände oft etwas verloren, auch wenn es im Sommer recht viele sind. Eine solch große Fläche will halt gefüllt sein. Da sich hier weniger Touristen blicken lassen, wirkt er authentischer. Das gilt noch mehr für die **Markthalle,** die zwei Stockwerke hat: unten gibt's Fisch, Wurst, Brot und Obst, oben Textilien, Krimskrams, Kitsch und ein uriges Café. Das ganze Ambiente wirkt, als sei man mit der Zeitmaschine geradewegs in die 1950er-Jahre gereist, und zwar in Richtung Osten. Den Hakaniementori erreicht man bequem mit der Tram 3B/T oder zu Fuß von der Domkirche aus.

Hietalahdentori (F 6)
Markt: Mo–Sa 6.30–14 Uhr, Flohmarkt: Mo–Sa 8–14, im Sommer auch 15.30–20 Uhr, Hietalahti-Markthalle: Mo–Fr 8–17, Sa 8–15 Uhr
Tram 6
Der große Platz wird von der **Markthalle** dominiert, einem ausnehmend schönen Jugendstilgebäude. Auf dem Platz selbst stellt der Flohmarkt eine Attraktion für Touristen und Einheimische dar; er wird außer sonntags an jedem Vormittag, in der Sommersaison auch bis abends abgehalten. In der Nebensaison wirkt der Platz aber wenig belebt, vor allem in den Morgenstunden, und lohnt bei knappem Zeitkorsett einen extra Abstecher nicht.

Töölöntori (F 3)
Runeberginkatu, Mo–Sa 6.30–14 Uhr
Tram 4/4T, 7A/7B, 10
Der Töölö-Markt ist der kleinste im Zen-

Einkaufen

Kulinarische Spezialitäten in den Markthallen

trum, er bietet einige Stände mit Obst, anderen Lebensmitteln oder Blumen. Aber trotz der großen Hotels in unmittelbarer Nachbarschaft ist er sympathisch untouristisch.

Mode und Accessoires

Annikki Karvinen (H 5)
Pohjoisesplanadi 23, 00100 Helsinki
Tel. 09 68 11 75 13
www.annikkikarvinen.com
Mo–Fr 10–18, Sa 10–16, im Sommer auch So 12–16 Uhr, Bus 24
Designerin farbintensiver, gewebter Jacken und Mäntel im Poppana-Stil. Typisch sind die bewusst eingearbeiteten kleinen Unregelmäßigkeiten.

Friitala (H 5)
Mikonkatu 1, 00100 Helsinki
Tel. 09 62 55 05, www.friitala.fi
Mo–Fr 10–19, Sa 10–17 Uhr
Tram 3T/3B, 6
Traditionsreiches Modehaus von 1892, landesweit führend in Herstellung und Verkauf von exklusiver Lederbekleidung.

Hundpark (G 5)
Iso Roobertinkatu 17–19
00120 Helsinki
Tel. 09 482 99 41, www.hundpark.net
Mo–Fr 12–18, Sa 11–15 Uhr

Einkaufen

Schrille Mode, aber auch Schmuck von Jungkünstlerinnen.

IvanaHelsinki (G 5)
Uudenmaankatu 15, 00120 Helsinki
Tel. 09 622 44 22, www.ivanahelsinki.com, Mo–Fr 11–19, Sa 11–16 Uhr
Tram 3T/3B, 6
Verkaufsladen der international bekannten Designerin.

Jonet Design (G 5)
Fredrikinkatu 59, 00120 Helsinki
Tel. 09 694 41 23, Tram 3T/3B
Ausgefallene Boutique im Design-Distrikt mit Leinen- und Baumwollmoden von Pekka Kytölä, Markenzeichen sind die Knöpfe und Zipfel.

Kankurin Tupa (H 5)
Pohjoisesplanadi 35, 00100 Helsinki
Tel. 09 62 61 82, www.kankurintupa.fi
Mo–Fr 10–18, Sa 10–16 Uhr
Bus 24
Nordisch-einfache und legere Strickwaren. Weitere Läden: Mannerheimintie 40 und im Hotel Grand Marina.

Marimekko (G/H 5)
Pohjoisesplanadi 2 und 31
00100 Helsinki
Tel. 09 686 02 40, www.marimekko.fi
Mo–Fr 10–18, Sa 10–16 Uhr, Bus 24
Seit Langem weltbekannt für farbenfrohes Streifendesign. Nicht nur Kleider und Hemden, sondern auch Taschen, Vorhänge, modische Accessoires, Gummistiefel oder Bett- und Tischwäsche. Viele weitere Verkaufsstellen in der Stadt.

Myymälä2 (G 5)
Uudenmaankatu 23, 00120 Helsinki
www.myymala2.com
Mi–Sa 12–18, So 12–17 Uhr
Tram 3T/3B, 6
Keller-Galerie mit Indien-Shop, Comics und Postern, im Angebot hippe Mode unabhängiger Label, aber auch ausgefallene Kunst.

Ril's (H 5)
Pohjoisesplanadi 25, 00100 Helsinki
Tel. 09 17 45 00, www.rils.com
Mo–Fr 10–18, Sa 10–16 Uhr, Bus 24
Große Kollektion der Designerin Ritva-Liisa Pohjalainen mit Freizeit-, Abend- und Arbeitskleidung – passende Outfits nicht nur für Businessfrauen.

Souvenirs & Schmuck

Aarikka (G 5)
Pohjoisesplanadi 27, 00100 Helsinki
Tel. 09 65 22 77, www.aarikka.fi
Mo–Fr 9–19, Sa 10–17 Uhr
Bus 24
Seit 1954 verkauft Aarikka Holzschmuck, Mobiles, Lampen, Tassen, Schmuck und Souvenirs aus Holz, Stahl und Edelmetallen. Die Produktpalette wird immer größer und Aarikka immer beliebter. In Helsinki u. a. im Forum vertreten, insgesamt 16-mal in Finnland.

Art Russian (F 5)
Frederikinkatu 38, 00170 Helsinki
Tel. 09 685 22 01, www.art-russian.com
Mo–Fr 10–18, Sa, So 12–15 Uhr
Tram 3T/3B, 6
Gemälde und Skulpturen in großer Auswahl, vor allem aber viele Ikonen – Verkauf auch im Internet.

Galleria Art-Helsinki (H 5)
Aleksanterinkatu 26, 00170 Helsinki
Tel. 09 27 07 01 70
www.art-helsinki.com
Mo–Fr 9–17, Sa 10–15 Uhr
Tram 1/1A, 3B/3T, 4/4T, 7A/7B
Laden der Familie Pälikkö, Verkauf von Bildern, Grafiken und Postkarten des

Einkaufen

Künstlers (herkömmliche Stadtansichten) und handgemachte finnische Messer in reicher Auswahl, am Senatsplatz gelegen.

Kalevala Koru (H 5)
Unioninkatu 25, 00170 Helsinki
Tel. 09 686 04 00, www.kalevala.de
Mo–Fr 10–18, Sa 10–16 Uhr
Tram 1/1A, 3T/3B, 4/4T, 7A/7B
Bekannter Juwelier mit Gold-, Silber-, Bronze- und Edelstahlschmuck. Die Motive sind alten Schmuckstücken nachempfunden oder in Anlehnung an die Mythen des Nationalepos Kalevala entworfen. Im Laden auf der Unionkatu sieht man dazu passende Volkstrachten.

Kiseleffin Talo (H 5)
Aleksanterinkatu 28/Unioninkatu 27, 00170 Helsinki
www.kiseleffintalo.fi
Mo–Fr 10–18, Sa 10–16,
im Sommer So 10–16 Uhr
Tram 1/1A, 3T/3B, 4/4T, 7A/7B
Das Kiseleff-Haus direkt am Senatsplatz beherbergt einen überdachten Bazar im Empire-Stil, unter dem sich 20 Geschäfte voller Kunsthandwerk drängen. Wie wäre es mit einem Marttiini-Messer mit einem Griff aus Birkenholz oder Elchhorn? Lohnend ist auch ein Besuch in der **Galerie Taikarasia,** die zehn Kunsthandwerker vertritt, von denen ein oder zwei immer anwesend sind. Ausgestellt werden Gemälde, Grafiken, Schmuck sowie Arbeiten aus Glas und Keramik.

Pentik (G 5)
Mannerheimintie 5, 00100 Helsinki
Tel. 0207 22 03 10, www.pentik.fi
Mo–Fr 10–19, Sa 10–18 Uhr
Tram 3T/3B, 4/4T, 7A/7B, 10
Eine der bekanntesten finnischen Marken für Inneneinrichtung und Accessoires, mit u. a. Besteck, Geschirr, Bad-Zubehör, Vasen, Kerzen, Möbeln, Produkten für Kinder, Kaffee, Tee, Öle und Konfitüre.

Stamps & Philately Shop (G 4)
Mannerheiminaukio 1A
Mo–Fr 9–18, Sa 11–16 Uhr
Tram 3T/3B, 4/4T, 7A/7B, 10
Verkaufsladen im Hauptpostamt, mit Briefmarken, Postkarten, Souvenirs, finnischen 1-/2-Cent-Münzen u. v. m.

Union Design (H 5)
Eteläranta 14, 00130 Helsinki
Tel. 09 62 20 03 33, www.uniondesign.fi
Mo–Fr 10–18, Sa 10–15 Uhr
Tram 1/1A, 3T/3B
Werkstatt und Verkaufsraum einer Gruppe von Schmuckdesignern und Gold- bzw. Silberschmieden, mehrfach ausgezeichnet. Die Kollektionen sind sehr ungewöhnlich, edel, erfrischend und z. T. sehr teuer. Untergebracht direkt an der Alten Markthalle (Innenhof).

Mumins zum Mitnehmen

Für kleine und große Fans der »Geschichten aus dem Mumintal« ist ein Besuch des Moomin Shop (in der Kämp Galleria, Pohjoisesplanadi 33, Tel. 09 622 22 06, Mo–Fr 10–19, Sa 10–17 Uhr) ein Muss. Hier dreht sich alles um jene Wesen, die die Finnin Tove Jansson so wunderschön in Kinderbüchern und Zeichentrickfilmen in Szene setzte. Ob Mumins und Hemuls, die kleine My oder die eiskalte Morra – hier kann man sie auf Keramik, Textilien, Postkarten, Holz oder Metall erwerben.

Das Kom, Location für Live-Acts und Kunst-Performances

Ausgehen

Partykönigin

Lange stand Helsinki im Schatten von Stockholm und Kopenhagen. Was man hier erwarten konnte, war allenfalls düsterer Ostblockgroove mit den tapferen Leningrad Cowboys (›The World's worst Rock'n'Roll-Band‹) als Ikone. Dies alles ist Vergangenheit. Heute steht Helsinki den anderen europäischen Metropolen in nichts nach. Im Gegenteil: Was sich da am Finnischen Meerbusen an quicklebendiger Club-, Kneipen- und Nightlife-Szene entwickelt hat, ist kaum zu toppen.

Überall sprießen Ausgeh-Adressen aus dem Boden, die angesagten Stadtteile wechseln und das Leben tobt selbst in mausgrauen ehemaligen Arbeitervierteln. Wer am Freitag oder Samstag, den lebhaftesten Party-Tagen, auf's Sträßchen geht, sieht und hört Live-Musik satt, kann bis nach 4 Uhr abtanzen und lernt mit Helsinki eine neue europäische Partykönigin kennen. Selbst aus der estnischen Hauptstadt Tallinn, wo ebenfalls keine Kinder von Traurigkeit wohnen, kommt man zu Wochenend-Trips angereist.

Hot-Spots

Wo soll man hingehen? Lange Schlangen vor den einzelnen In-Treffs sind immer ein gutes Zeichen – junge Leute können sich aber auch im **Kompassi** (s. S. 20) beraten lassen oder im Sommer die freundliche ›Helsinki Help‹ nach aktuellen Insider-Tipps befragen. Sicher ist: die Ströme der Partygesellschaft sind schwer vorherzusagen, und die Sucht, Trendsetter zu sein, wirkt oft nervös. Derzeit ist das **Viertel Kallio** gerade im Um- und Aufbruch, in wenigen Jahren könnte Ruoholahti folgen und auch Arabia weiter nördlich.

Zu den Hot-Spots der Szene, die sich wohl auch noch lange halten werden, gehört natürlich das eigentliche **Zentrum**. Schaut man sich z. B. nur einmal am Bahnhofsplatz um, stößt man an der Mikonkatu-Straße und an der Yliopistonkatu auf eine (Night)Club-Konzentration, die man auch an mehr als einem Wochenende nicht ausschöpfen könnte.

Nur wenige hundert Meter weiter westlich, hinter Zetor, Lady Moon, dem Alten Studentenhaus und jenseits der Mannerheimintie, folgt der nächste Hot-Spot. Unterhalb der Kamppi-Station sind hier etliche Künstlerlokale, schräge Bars, Rock-Clubs und Irish Pubs auf engstem Raum versammelt. Auch im **Töölö-Viertel**, das ist das Dreieck zwischen Reichstag, Tempelkirche und Nationaloper, haben die Freunde der Nacht eine breite Auswahl, wobei hier das Publikum älter, die Lokale gediege-

Ausgehen

ner und der Musikgeschmack konventioneller ist. Als Ausgeh-Adresse zählt die **Esplanade** zu den Evergreens – hier trifft sich die Spaß-Gesellschaft schließlich schon seit mehr als hundert Jahren. Die Etablissements am nördlichen Teil sind edel und hochpreisig, während man im Süden auf einen netten Mix von durchgestylten Chill-out-Oasen, rustikalen Pubs und Nightclubs des gehobenen Geschmacks trifft.

Südwestlich davon, entlang der Uudenmaankatu und der Iso Roobertinkatu (= ›Isoroba‹), tobt das Leben der Zwanzig- bis Dreißigjährigen. Clubbing ist angesagt, und dafür gibt es mehrere Dutzend Anlaufstellen. Läden mit Weltmusik, Hybridrestaurants, klassische Cafés, Discos, Jazz-Schuppen und Rock-Lokale – hier gibt's einfach alles. Auch die schwule und lesbische Szene ist mit ihren Treffs vertreten. Und es ist abzusehen, dass sich das Trendviertel weiter nach Süden, in Richtung Eira also, ausdehnen wird.

Preise

Wer in das Helsinkier Nachtleben eintaucht, muss in den meisten Fällen keinen Eintritt zahlen. Mehrere Clubs und Discos aber, und zwar gerade die am meisten angesagten, erheben doch eine Gebühr, und zwar rund 5 €. Wird Live-Musik geboten, ist das Eintrittsgeld höher.

In Nightclubs und edleren Etablissements, die auch auf ein entsprechendes Outfit ihrer Gäste achten, fällt eine Garderobengebühr an, sie beträgt i. d. R. 1–2 €. Am meisten gehen aber die Preise für Getränke ins Geld, bei denen Mitteleuropäern leicht die Lust auf ausgiebiges feuchtfröhliches Feiern vergeht. Man muss schon Glück haben, wenn man einen Pub sichtet, der weniger als 4 € für das Bier verlangt, meist kostet ein Glas (0,4 l) um 5 €. Gleiches gilt für ein Glas durchschnittlich guten Weines (0,2 l). Und härtere Sachen wie Schnäpse oder Cocktails beginnen auf der Getränkekarte bei 6 €.

Casino

Grand Casino Helsinki (G 4)
Mikonkatu 19, 00100 Helsinki
Tel. 09 68 08 00
www.grandcasinohelsinki.fi
tgl. 12–4 Uhr
Tram 3T/3B, 6; Metro: Kaisaniemi
Wie wär's mit einer Runde Roulette, Black Jack, Poker, Red Dog, Sic Bo oder Pai Gow? Das neben dem Bahnhof gelegene Casino lockt mit solchen Tisch- und Kartenspielen sowie dem Geklimpere von 300 Slot Machines, hat aber auch noch mehr zu bieten: Drei Restaurants und drei Bars, eine interessante 1920er-Jahre Architektur und tgl. Shows um 23 Uhr. Auch Dinner-Shows im Las-Vegas-Stil und Konzerte werden geboten. Internationales Publikum mit vielen russischen und japanischen Gästen. Tagesticket 2 €, die Casino-Card 10 €, es besteht Ausweispflicht.

Kulturzentrum

Kaapelitehdas (D 6)
Tallberginkatu 1, 00180 Helsinki
Tel. 09 47 63 83 00
www.kaapelitehdas.fi
Tram 8, Busse 15, 20, 21, 65A, 66A, Metro: Ruoholahti
In der ehemaligen Kabelfabrik von Nokia, heute das größte Kulturzentrum Finnlands, ist fast rund um die Uhr etwas los. Gleich mehrere Musen (s. S. 94) ziehen Besucher an, es gibt Galerien, Tanztheater, Café, Restaurant, Events

Ausgehen

und viele multikulturelle Veranstaltungen. Junge Musiker und Künstler können Hobby-, Atelier- und Studioräume mieten. Regelmäßig finden in der Kabelfabrik die lautesten und ausgeflipptesten Techno-Raves statt. Die aktuellen Veranstaltungskalender bekommt man beim Touristenbüro, in der Presse und auf der Web-Site.

Kneipen, Bars & Pubs

Highlight

Ateljee-Bar (G 5)
Sokos Hotel Torni, Yrjönkatu 26,
00100 Helsinki
Tel. 09 433 60
www.ravintolaopas.net/ateljeebar
Mo–Do 14–1, Fr 14–2, Sa 12–2,
So 14–24 Uhr
Bus 13
An der Rezeption des Hotels Torni nimmt man den Aufzug bis zum 12. Stock, dann geht es über eine enge Wendeltreppe noch eine Etage höher, und man betritt eine relativ kleine und unspektakuläre Bar. Nicht der Rede wert also, wenn es nicht die beiden Aussichtsterrassen gäbe: Sich hier nach einem ausgefüllten Besichtigungstag mit Blick weit über die Stadt zum Sundowner hinzusetzen oder später das Lichtermeer unter sich zu sehen, ist wirklich ein Höhepunkt und versöhnt auch mit den Getränkepreisen.

Corona (F 5)
Eerikinkatu 11, 00100 Helsinki
Tel. 09 40 92 88
www.andorra.fi/corona
Mo–Sa 11–2, So 12–2 Uhr
Metro und Busbahnhof Kamppi
Dem Filmemacher Aki Kaurismäki, der mindestens genauso schräg ist wie die Charaktere in seinen Filmen, gehört die Kneipe ebenso wie das benachbarte Café Moskva und die Dubrovnik Lounge & Lobby. Und manchmal schneit er auch selbst herein auf ein Bierchen. Das Corona ist ein ehrliches Bierlokal mit angeschlossener Billard-Halle (neun Tische). Wegen des Besitzers treffen sich hier Studenten, Cineasten, Lederjackentypen und Touristen, obwohl es eigentlich nichts zu sehen gibt: außer Bier und Schnaps bekommt man im Corona nur 80er-Jahre-Musik und Snacks geboten.

Kola (H 2)
Helsinginkatu 13, 00160 Helsinki
Tel. 09 694 89 83
tgl. 12–2 Uhr
Tram 1/1A, 3T/3B, 7A/7B,
Metro: Sörnäinen
Studentenkneipe im Umbruch-Viertel Kallio: Retro-Look der 1970er-Jahre, lindgrüne Tapeten, Loungemusik, Gratissurfen im Internet und relaxte Atmosphäre. Und wenn's mal zu voll ist: Nicht weit entfernt gibt es weitere Kallio-Kneipen, z. B. Roskapankki (Helsinginkatu 20; populär und proletarisch, mit preiswertem Bier) oder der Pub Heinähattu (Vaasankatu 9; Rock-Kneipe mit fantastischer Jukebox).

Kom Ravintola (G 6)
Kapteeninkatu 26, 00140 Helsinki
Tel. 09 684 62 24
www.kom-ravintola.fi
Mo–Fr 11.30–1, Sa 16–2 Uhr
Tram 1/1A, 3T/3B
HG 10–18 €, Lunch 7–10 €
Interessantes Lokal mit Fabrik-Ambiente, Mittagstisch mit wechselnden Tagesgerichten, abends Küche bis 22.30 Uhr (lecker: gegrillte Rinderleber mit Kartoffelpüree). Ansonsten trifft man

Ausgehen

sich hier zum Schwoofen, zu Live-Konzerten (Blues, Weltmusik, Jazz) oder zu Kunst-Performances. Vorwiegend jüngeres Publikum. Während der Pausen des benachbarten Theaters kann es urplötzlich drängend voll werden.

Mbar (G 5)
Mannerheimintie 22–24
00100 Helsinki
Tel. 09 612 44 20, www.mbar.fi
Mo, Di 9–24, Mi, Do 9–2, Fr, Sa 9–3, So 12–24 Uhr
Metro und Busbahnhof Kamppi
Angesagtes und innovatives Lokal in der nordwestlichen Ecke des Lasipalatsi (Eingang von der Salomonkatu), mit Helsinkis größtem Internet-Café (13 Terminals), Kunstausstellungen und Performances, cooler Musik von House bis Jazz, Fr–So auch mit Live-Musik. Tagsüber kann man es sich bei Kuchen, Kaffee und Snacks gut gehen lassen – bei schönem Wetter auch auf der großen Terrasse – und in den Abendstunden verwandelt sich die Mbar in einen lebhaften Club mit internationalem Publikum.

Molly Malone's (G 4)
Kaisaniemenkatu 1C, 00100 Helsinki
Tel. 09 57 66 75 00
www.mollymalones.fi
Mo 10–2, Di 10–3, Mi–Sa 10–4, So 12–2 Uhr
Tram 3T/3B, 6, Metro: Kaisaniemi
Helsinkis ältester irischer Pub, befreundet mit dem Dubliner The Brazen Head, sorgt jeden Abend für authentische Stimmung, Live-Musik sowie Guiness- und Single-Malt-Nachschub. Im Angebot auch Toasts und Fish'n'Chips.

Café Moskova (F 5)
Eerikinkatu 11, 00100 Helsinki
Tel. 09 40 92 88
www.andorra.fi/moskova
tgl. 18–2 Uhr
Metro und Busbahnhof Kamppi
Nur zwei Türen vom Corona (S. 66) entferntes Lokal, das ebenfalls dem Kult-Filmer Aki Kaurismäki gehört. Die Moskova-Bar ist spartanisch eingerichtet und kann als spezielle finnische Version von Ostalgie gelten: Mit Breschnew-Plakaten an der Wand, einem alten Plattenspieler, aus dem Sowjet-Hits dudeln, und einem Samowar auf dem Tisch. Erstaunlicherweise ist das kleine Café (nur 26 Sitzplätze) immer voll, vor allem japanische Touristen zieht es hierhin. Am wenigsten versteht das Co-Besitzer Erkki Lahti: »Wir wollten eine kleine, versteckte Bar, mit einem lausi-

Für Jugendliche tabu

Was jüngere Gäste aus Mitteleuropa oft nicht wissen: sie kommen längst nicht in jede der angesagten Discos, Clubs, Bars oder auch nur Restaurants hinein. Dass es eine Altersgrenze ab 18 Jahren gibt, kann man verstehen. In Helsinki aber ist der Zutritt je nach Lokal für Jugendliche unter 18, 20, 22, 23 oder gar 24 Jahren verboten. Manchmal gelten sogar unterschiedliche Regeln innerhalb des gleichen Objektes, z. B. nach dem Motto: Mindestalter bis Mitternacht 22, danach 24 Jahre. Oder: Mindestalter im Erdgeschoss 18, in der Etage darüber 21 Jahre. Oder: Mindestalter Mo–Do 18, Fr–So 20 Jahre. Die Kneipiers wachen meist selbst genau über die Einhaltung der Regeln, oft wird das aber auch von einem Türsteher *(vahtimestari)* übernommen.

Ausgehen

Das Zetor, Kult-Kneipe mit Traktoren und Musik der Leningrad Cowboys

gen Angebot an Getränken und nur wenig Essen – Butterbrote, die erst am nächsten Tag verkauft werden, damit sie nicht zu frisch sind. Und im ersten Jahr hatten wir noch nicht mal eine Klinke an der Tür …«

Sir Eino (G 5)
Eteläesplanadi 18, 00130 Helsinki
Tel. 09 85 68 57 70, www.center-inn.fi
Mo–Di 16–1, Mi–Do 16–2,
Fr/Sa 16–3 Uhr
Tram 3T/3B, 6
Konventionell aufgemachter Pub im englisch-irischen Stil, an der lebhaften Esplanade gelegen. Sehr rustikale Einrichtung mit viel Holz und offenem Kamin. Beliebt bei den Bankangestellten zu After-Work-Meetings, dann gibt's von 16–18 Uhr auch Fingerfood. Ansonsten herzhaftes Essen (Küche bis 22.30 Uhr) zu günstigen Preisen – vor allem das knusprige Hühnchen schmeckt. An Wochenenden zu später Stunde oft sehr voll und sehr laut. Live-Musik in unregelmäßigen Abständen.

Tin Tin Tango (F 3)
Töölöntorinkatu 7
Tel. 09 27 09 09 72
www.tintintango.info
Mo–Do 7–24, Fr 7–2, Sa 9–2,
So 10–24 Uhr
Tram 4/4T, 7A/7B, 10
Ein wirklich ungewöhnliches Café hat sich da am Töölö-Marktplatz niedergelassen. Man sitzt gemütlich, auch an der Bar und hinter dem schmalen Glaserker. Es gibt Kaffee und Bier, Kuchen und Salate. Ab und zu wird Live-Musik gespielt, die zum jugendlichen Publikum passt – ebenso wie die Cartoon-Klassiker an der Wand. Angeschlossen sind zwei Räume, die man normalerweise in einem Café nicht vermutet: eine Sauna und ein Münz-Waschsalon!

Ausgehen

Vltava (G 4)
Elielinaukio 2, 00170 Helsinki
Tel. 010 766 36 50, www.vltava.fi
Mo 11–1, Di–Sa 11–3, So 12–1 Uhr
Tram 3T/3B, 6, Metro: Rautatientori
HG 12–30 €
Gleich neben dem Bahnhof gelegenes großes Haus, das unter einem Dach in drei Stockwerken ein Bistro, eine Bar und ein Restaurant beherbergt – alles mit tschechischer Note.

Zetor (G 5)
Kaivopiha, Mannerheimintie 3–5, 00100 Helsinki
Tel. 09 66 69 66, www.ravintolazetor.fi
Mo 11–24, Di 11–3, Mi–Sa 11–4, So 13–23 Uhr
Tram 3T/3B, 4/4T, 7A/7B, 10
In einer Seitenstraße der Mannerheimintie gelegene schreckliche Kneipe mit Restaurant und Nightclub – inzwischen Kult und für viele ein Muss in Helsinki. Benannt nach einer tschechischen Traktorenfirma, gibt es in der rustikal-kitschigen Einrichtung natürlich auch Traktoren. Inmitten des Trubels schafft es die junge Köchin Tuula Pulkkinen, finnische Hausmannskost (HG 12–27 €) gut zuzubereiten, gegessen wird in einem Nebenraum. Rock-Musik als Untermalung, Souvenirverkauf u. a. von Artikeln der Leningrad Cowboys, manchmal Tanz.

Discos, Clubs & Szenelokale

Dubrovnik Lounge & Lobby (F 5)
Eerikinkatu 11, 00100 Helsinki
Tel. 09 40 92 88
www.andorra.fi/dubrovnik
Mo–Sa 11–2, So 12–2 Uhr
Metro und Busbahnhof Kamppi

In einem Kinogebäude zwischen dem Pub Corona und dem Café Moskova befindet sich dieser Veranstaltungsraum. Der Club, der auch dem Filmemacher Aki Kaurismäki gehört, ist nicht täglich geöffnet, aber in regelmäßigen Abständen gibt er die Bühne ab für sehr gute Jazz-und Blues-Gruppen. Das aktuelle Programm erhält man in den üblichen Veranstaltungshinweisen wie »Helsinki this Week« (s. S. 20).

Helsinki Club (G 5)
Yliopistonkatu 8, 00100 Helsinki
Tel. 09 433 20, www.helsinkiclub.com
Mi–Mo 22–4 Uhr
Tram 3T/3B, 4/4T, 7A/7B
Über 30 Jahre hat der Club, den man in Helsinki oft nur ›Hesari‹ nennt, schon auf dem Buckel. Alle Moden und Trends hat er mitgemacht, viele selbst geschaffen. Auch heute ist er eine angesagte Adresse für die Jungen und Schö-

> **Auf Toiletten sind Männer ›mies‹**
>
> Finnische Sprache – schwere Sprache. Dass das Finnische so gar nichts mit anderen europäischen Sprachen zu tun hat, begreift man nicht nur beim berühmten *yksi, kaksi, kolme* (eins, zwei, drei). Jedes Straßenschild, jeder Zeitungsartikel und jede Reklametafel mit ihrer oft bizarren Aneinanderreihung von Doppelvokalen und Doppelkonsonanten machen es schwer, den Sinn dahinter auch nur zu erahnen. Und zu welcher Toilette soll man bitte gehen, wenn die Wahl heißt ›M‹ oder ›N‹? Die Lösung: der finnische Mann heißt *mies,* und Frau heißt *nainen.*

Ausgehen

nen der Nacht, eingerichtet mit viel Plüsch und Neonfarben. Es gibt eine Lounge zum Räkeln, eine Dome Bar zum Flirten und eine große Fläche mit Empore zum Tanzen. Bekannte DJs spielen coole Musik, manchmal treten Live-Gruppen auf. Aktuelle Programme, Musikbeispiele und aussagekräftige Fotos gibt's auf der Website.

Rose Garden (G 6)
Iso Roobertinkatu 10, 00120 Helsinki
Tel. 09 67 80 10
www.clubrosegarden.com
Mo–Sa 18–3 Uhr
Tram 3T/3B, 10
In einem Hinterhof an der ›Isoroba‹ gelegener Schuppen, wo es auf zwei Etagen Restaurant, zwei Dancefloors und drei Bars gibt. Bekannte DJs legen House, Soul, HipHop und Groove Music auf, jeden Abend gibt es ein unterschiedliches Programm. Ausgelassene Stimmung, einen ruhigeren Bereich findet man in der Bar Nice.

Storyville (F 4)
Museokatu 8, 00150 Helsinki
Tel. 09 40 80 07, www.storyville.fi
Mo–Sa 20–4 Uhr
Tram 4/4T, 7A/7B, 10
Seit vielen Jahren bekannter und beliebter Live-Jazz-Club, eingerichtet in einem ehemaligen Kohlenkeller nahe dem Reichstag. Das Jazz- und Blues-Programm reicht von traditionell bis cool

Jazz-Session im Storyville

Ausgehen

und modern, die zahlreichen Fotos von Jazz-Größen zeigen, wer die Vorbilder sind. Im Storyville gibt es gutes, nicht zu teures Essen (u. a. ambitionierte Cayun-Küche), und bei gutem Wetter kann man auch schön draußen sitzen.

Tavastia/Semifinal (F 5)
Urho Kekkosenkatu 4–6,
00100 Helsinki
Tel. 09 77 46 74 20
www.tavastiaklubi.fi
So–Do 20–1, Fr–Sa 21–3 Uhr
Metro und Busbahnhof Kamppi
Das Tavastia ist *der* Rockclub des Landes, in dem es eine Ehre ist, spielen zu dürfen. Deshalb gibt's fast jeden Abend Live-Musik von anerkannten finnischen oder auch ausländischen Bands – meist ziemlich wild und laut. Das Semifinal nebenan wirkt wie ein kleinerer Bruder; dessen Bühne wird zumeist von Newcomern gesucht (identische Öffnungszeiten). Dazwischen liegt das Restaurant Ravintola Ilves (S. 43).

We Got Beef (G 6)
Iso Roobertinkatu 21, 00130 Helsinki
Tel. 09 67 92 80, www.wegotbeef.fi
So–Di 13–2, Mi–Sa 13–3 Uhr
Tram 3T/3B, 10
Größere Bar an der Fußgängerzone im Trend-Viertel, zum Essen gibt's Toast und andere Kleinigkeiten, abends lebhafter In-Treff mit Club-Atmosphäre, manchmal Live-Musik und getanzt wird auch. Das Publikum ist kaum älter als das Mindestalter von 20 Jahren.

Schwul & Lesbisch

Angesichts von nur knapp 570 000 Einwohnern ist Helsinkis schwul-lesbische Szene erstaunlich vielfältig und munter. Infos dazu gibt die nationale Organisation Seta ry, Mannerheimintie 170 A 4, 5. Etage, Tel. 09 681 25 80, www.seta.fi. Beim Fremdenverkehrsamt ist ein Gay Guide samt Stadtplan erhältlich.

DTM (G 6)
Iso Roobertinkatu 28, 00120 Helsinki
Tel. 09 67 63 15, www.dtm.fi
Tram 3T/3B, 10
Schön eingerichtete Café-Bar und Sommer-Terrasse, vorwiegend schwules Publikum, Mo–Sa 9–22, So 12–22 Uhr, Frühstück und Snacks, Internet-Zugang. Täglich 22–4 Uhr wird das DTM (= Don't tell Mama) zum größten Gay Nightclub in Skandinavien und zu einer der auch bei Heteros beliebtesten Tanzflächen. Geht man die Treppe hinab, kommt man zur großen Disco, in der oft auch Live-Auftritte stattfinden. Im Obergeschoss gibt es eine weitere Disco im Stil eines Kreuzfahrtschiffes, freitags ist hier auch traditionelle finnische Tanzmusik zu hören.

Hercules (G 5)
Lönnrotinkatu 4, 00180 Helsinki
Tel. 09 612 17 76
www.herculesgayclub.com
tgl. 21–4 Uhr
Tram 3T/3B, Bus 24
Zentral gelegener Nachtclub, in dem auch Frauen willkommen sind. An Wochenenden oft sehr voll und ausgelassen.

Lost & Found/Hideaway Bar (G 6)
Annankatu 6, 00120 Helsinki
Tel. 09 680 10 10, www.lostandfound.fi
tgl. 20–4 Uhr
Tram 3T/3B, 10
Populäre, größere Bar mit gemischtem Publikum (jünger/älter, schwul-lesbisch/straight), freitags oft lange Schlangen vor dem Eingang. Im Keller die etwas dunkle Hideaway Bar.

Konzert bei den Festwochen im September

Unterhaltung

Feste und Festivals

April Jazz
Erstes großes Jazz-Festival des Landes mit nationalen und internationalen Künstlern, findet allerdings nicht im Zentrum, sondern in der Nachbargemeinde Espoo (vor allem in Tapiola) statt. Infos: www.apriljazz.fi

Helsinki-Tag
Am 12. Juni feiert Helsinki Geburtstag. Zu diesem Anlass gibt es gut eine Woche lang ein umfangreiches Festprogramm für Groß und Klein, Höhepunkt sind die abendlichen Konzerte im Kaivopuisto-Park. Infos: www.helsinkiviikko.fi und www.hel2.fi/helsinkipaiva

Mittsommerfest
Ab Freitagnachmittag nach dem 21. Juni, Festveranstaltungen in vielen Stadtteilen und auf den Inseln, besonders großes Festprogramm auf Seurasaari.

Helsinki-Festwochen
Umfangreiches Fest Ende August bis September, mit dem die Hauptstadt traditionell den Sommer ausklingen lässt. Über hundert Veranstaltungen im Festivalzelt und auf Plätzen und Straßen der Stadt, Orchester- und Kammermusik, Oper, Tanz, Theater, Jazz, Rock, Filme, Nacht der Künste, Ausstellungen und Gastspiele aus aller Welt. Infos: www.helsinkifestival.fi

Strömlingsmarkt (Heringsmarkt)
Anfang Oktober findet der auf das 18. Jh. zurückgehende traditionelle Markt auf dem Kauppatori statt. In echter Marktatmosphäre mit Akkordeonmusik etc. wird dabei der Ostseehering (Strömling) in frischer, geräucherter oder anders konservierter Form verkauft, zusammen mit dunklem Schärenbrot und anderen Leckereien. Prämierung der besten Produkte durch eine Jury.

Thomas-Markt
Vorweihnachtlicher Markt auf der Esplanade mit über 120 Verkaufsständen mit Gebäck, Geschenken und Kunsthandwerk. Demonstrationen alter Handwerkstechniken und persönliche Besuche des Weihnachtsmannes. Der Thomas-Markt findet in der zweiten und dritten Dezemberwoche statt.

Silvester
In der Nacht vom 31. Dezember zum 1. Januar großes Feuerwerk über der Stadt. Um Mitternacht feierliche Begrüßung des Neuen Jahres am Senatsplatz mit Gottesdienst, Reden und Musik.

Unterhaltung

Kinos

Unter gut 60 Kinos findet sich eine ganze Reihe großer und seriöser Lichtspieltheater in Helsinkis Zentrum. Infos über die aktuellen Programme beim Touristenbüro, in Hotels, in der Tagespresse oder unter www.finnkino.fi, www.sandrewmetronome.fi (beide nur auf Finnisch).

Wie auch in anderen skandinavischen Ländern werden in Finnland kaum ausländische Filme synchronisiert. Man sieht und hört die Streifen also in der **Originalversion** – mit finnischen und/oder schwedischen Untertiteln. Das gilt sowohl fürs Fernsehen als auch fürs Kino.

Bio Rex (G 5)
Mannerheimintie 22–24,
00100 Helsinki
Tel. 09 61 13 00, www.biorex.fi
Tram 3T/3B, 4/4T, 10
In der stilvollen Umgebung des Lasipalatsi (Glaspalast) bringt das restaurierte Kino aus den 1930er-Jahren cineastische Leckerbissen, Klassiker der Filmgeschichte oder auch modernes Programmkino.

Kinopalatsi (G/H 4)
Kaisaniemenkatu 2B, 00100 Helsinki
Tel. 09 944 44, www.finnkino.fi
Tram 3T/3B, 6, Metro: Kaisaniemi
Großes Filmtheater mit internationalem Mainstream-Programm und 10 unterschiedlich großen Sälen. Besonderer Clou in Saal 1 und 2 sind die Zweier-Sitzreihen für Paare.

Orion (F 5)
Eerikinkatu 15, 00100 Helsinki
Tel. 09 61 54 02 01, www.sea.fi
Metrostation und Busbahnhof Kamppi
Kleines, aber feines Lichtspieltheater, das ambitionierte Streifen aus dem Archiv des Finnischen Filmarchivs zeigt, oft im Zusammenhang einer Themenreihe.

Tennispalatsi (F 5)
Salomonkatu 15, 00100 Helsinki
Tel. 0600 00 70 07, www.finnkino.fi
Tram 3T/3B, Bus 13, Metro: Kamppi
Das größte Kino von Stadt und Land, untergebracht in einem funktionalistischen Bau der 1930er. In den 14 Sälen werden sowohl die aktuellen Blockbuster als auch cineastische Kostbarkeiten gezeigt.

Große Bühnen

Hartwall Areena (außerhalb)
Areenakuja 1, 00240 Helsinki
www.hartwall-areena.com
Tram 7A, 7B, Busse 23, 69
Die nördlich der Stadt in West-Pasila gelegene High-Tech-Halle wurde für die Eishockey-Weltmeisterschaft 1997 gebaut. Die ellipsenförmige Halle, im Jahr

---

Ticketverkauf

Ob Sportveranstaltungen, Konzerte oder andere kulturelle Events, bei der zentral gelegenen **Verkaufsstelle Tiketti** (im Forum, 3. Stock, Yrjönkatu 29 c, Tel. 0600 116 16, www.tiketti.fi, Mo–Fr 10–19, Sa 12–18 Uhr) kann man sich Eintrittskarten besorgen oder auch sogar online bestellen. Andere Internet-Ticketanbieter für ganz Finnland mit englischsprachigen Websites findet man unter: www.ticketservicefinland.fi und www.lippupiste.fi.

Unterhaltung

Das Nationaltheater mit der Statue von Aleksis Kivi

2007 Schauplatz des *Eurovision Song Contest*, fasst 12 000 Zuschauer.

Olympiastadion (F 2)
s. auch S. 89
Das 1956 errichtete Stadion ist Schauplatz großer und großartiger Sportwettkämpfe, dient im Sommer aber auch als Bühne bei Open-Air-Großveranstaltungen.

Theater

Finnland ist ein theaterbegeistertes Land, und in der Hauptstadt ist das natürlich auch zu spüren. Rund 50 Theater gibt es in Helsinki, von den etablierten großen Häusern bis zu kleinen Avantgarde-Bühnen, Tanztheatern oder Sommertheatern. Aktuelle Programme in der Presse, beim Touristenbüro und beim Infozentrum für finnisches Theater, Tel. 09 25 11 21 20, www.teatteri.org (auch engl.).

Finnisches Nationaltheater/ Suomen kansallisteatteri (G 4)
Läntinen Teatterikuja 1,
00100 Helsinki, Tel. 09 17 33 13 31
www.kansallisteatteri.fi
Tram 3T/3B, 6, Metro: Kaisaniemi
Der frisch restaurierte nationalromantische Bau am Bahnhofsplatz ist sehenswert und als Kulturinstitution nicht mehr wegzudenken. Das älteste finnische Berufstheater hat hauptsächlich Klassisches im Repertoire.

Stadttheater/Helsingin kaupunginteatteri (G 3)
Eläintarhantie 5, 00530 Helsinki
Tel. 09 39 40 22, www.hkt.fi
Tram 3T/3B, 6, Metro: Hakaniemi
Bus 23
1967 wurde dieses Schauspielhaus im

Unterhaltung

Arbeiterviertel Kallio und nahe dem Wasser eingeweiht. Es hat drei Bühnen und zeigt außer dramatischen Werken auch Musicals. Zu den ›Ablegern‹ des Stadttheaters gehört das Kleine Theater (Lilla Teatern), das schwedischsprachig agiert. Zusammen mit Nationaloper und Finlandia-Halle gehört das Stadttheater zu den großen drei Kulturbauten an der Töölö-Bucht. Als Nächstes wird gegenüber dem Reichstag bis 2009 das seit Langem erwartete ›Musikhaus‹ errichtet.

Schwedisches Theater/ Svenska teatern (G 5)
Pohjoisesplanadi 2, 00100 Helsinki
Tel. 09 61 62 14 11
www.svenskateatern.fi
Tram 3T/3B, 6, 10
Das Gebäude am Ende der Esplanade ist nicht nur außen etwas Besonderes – innen faszinieren schwülstig-schöne Zuschauerränge, viel Plüsch, Blattgold und Kronleuchter. Das Repertoire ist eher traditionell-konservativ, gespielt wird nur in schwedischer Sprache.

Savoy-Theater (G 5)
Kasarmikatu 46–48, 00130 Helsinki
Tel. 09 169 37 03
www.kulttuuri.hel.fi/savoy
Tram 10, Bus 17
Das Savoy gehört zu den besten Musiktheatern Nordeuropas. Jährlich gastieren hier etwa zweihundert nationale und internationale Ensembles.

Oper, Ballett & Konzerte

In Relation zu seiner Einwohnerzahl hat Helsinki eine Musikszene, um die es weit größere Metropolen beneiden. Es umfasst u. a. zwei Sinfonieorchester, eine Oper, mehrere Kammermusik-Ensembles und Chöre – ganz abgesehen von den unzähligen Gruppen, die HipHop, Rock, Pop oder Weltmusik spielen.

Finlandia-Halle/Finlandia talo (F 4)
Mannerheimintie 13E, 00100 Helsinki
Tel. 09 402 41, www.finlandiatalo.fi
Tram 4, 7A, 7B, 10
Rund 200 hochkarätige Musikvorführungen und Konzerte internationaler Stars finden jährlich in der Finlandia-Halle statt. U. a. spielt hier von September bis Mai allwöchentlich das berühmte Philharmonische Orchester (S. 76). Der inmitten eines kleinen Parks an der Töölö-Bucht liegende Komplex aus weißem Carrara-Marmor und grauem Granit wurde 1971–75 errichtet und ist eine der auffälligsten Landmarken der Hauptstadt. Bis in kleinste Details trägt die Halle die Handschrift ihres Erbauers Alvar Aalto. Sie verdient aber nicht nur als Konzerthaus und Kongresszentrum Beachtung, sondern auch wegen ihrer historischen Rolle: 1975 fand hier die KSZE-Konferenz statt. Auf die sogenannte Helsinki-Charta beriefen sich bis zum Zusammenbruch des Warschauer Paktes alle Freiheitsbewegungen in Osteuropa. Man kann sich die Finlandia-Halle auch außerhalb von Konzerten anschauen (Info-Shop Mo–Fr 9–16 Uhr geöffnet; Führungen Erw. 6 €).

Finnische Nationaloper/Suomen kansallisooppera (F 3)
Helsinginkatu 58, 00160 Helsinki
Tel. 09 40 30 22 11, www.operafin.fi
Tram 4, 7A, 7B, 10
Der Bau des 1993 fertig gestellten weißen Opernhauses, das zur Töölö-Bucht hin komplett verglast ist, war angesichts leerer Kassen umstritten, hat aber doch den Sieg der Kultur über die

Unterhaltung

Ökonomie erlebt. Mit seiner Experimentierbühne sowie mehreren Ballett-, Proben- und Chorsälen ist es heute aus dem hauptstädtischen Kulturleben nicht mehr wegzudenken. In der Nationaloper werden sowohl klassische als auch moderne Opern und Ballettstücke gegeben. Die Preise (14–95 €) sind noch moderat, viele Vorstellungen oft lange im Voraus ausgebucht – also rechtzeitig Karten besorgen!

Philharmonisches Orchester

Bei der klassischen Musik hat das Philharmonische Orchester Helsinkis (Tel. 09 402 41, www.hel.fi/filharmonia) einen weltweit anerkannten Ruf – allerdings noch keine feste Adresse, solange das eigene Konzertgebäude (›Musikhaus‹) noch nicht fertig gestellt ist. Auch das **Rundfunk-Sinfonieorchester** (Tel. 09 14 80 43 68, www.yle.fi/rso) ist weit über Finnlands Grenzen hinaus bekannt.

Sibelius-Akademie/ Sibelius-Akatemia (F 4)

Pohjoinen Rautatiekatu 9,
00100 Helsinki
Tel. 09 405 46 90, www.siba.fi.
Tram 3T/3B
Die Sibelius-Akademie, hinter dem Reichstag und gegenüber dem Presidentti-Hotel gelegen, ist die einzige finnische Musikuniversität und eine der größten ihrer Art in Europa. Jedes Jahr geben hier arrivierte Größen und junge Talente Hunderte von Konzerten.

Tempelkirche/ Temppeliaukion kirkko (F 4)
schwed. Tempelplatsens kyrka
Lutherinkatu 3, 00100 Helsinki
Tel. 09 49 46 98
Mo–Di, Do–Fr 10–20,
Mi 10–18.45, Sa 10–18,
So 11.45–13.45 und 15.30–18 Uhr
Tram 3T/3B
Die Tempelkirche zählt wegen ihrer besonderen Stimmung und guten Akustik zu den beliebtesten Konzertsälen des Landes; u. a. finden hier regelmäßig Orgelkonzerte statt. Musikgenuss ist das eine – die Architektur das andere: zu Recht gilt die moderne Kirche als eine der schönsten Skandinaviens. Sie ist das Ergebnis eines Architekturwettbewerbs, bei dem die Aufgabe zu bewältigen war, einen von hohen Mietshäusern gesäumten und mit einem Granitbuckel besetzten Platz mit einem Gotteshaus zu schmücken. Erst im dritten Anlauf fand sich 1961 mit dem Konzept der Brüder Suomalainen eine eigenwillige Lösung: Man ging nicht in die Höhe, sondern in die Tiefe und sprengte eine Kirche in den Felsen! Von außen ist die flache Kuppel kaum zu sehen, und auch der Eingang mit dem diskreten Charme einer Tiefgarage lässt nicht ahnen, welch fantastischen Raumeindruck das Innere bietet: rauer Fels, eine von Betonrippen getragene Kupferdrahtkuppel und eine schlichte Einrichtung liefern eine eindringliche Bühne für den sich ständig wandelnden Lichteinfall.

Folklore

Seurasaari (B/C 2/3/4)
schwed. Fölisön
Tel. 09 48 47 12
www.nba.fi
Bus 24 ab Schwedischem Theater
Im Freilichtmuseum auf der Insel Seurasaari (s. S. 100) finden im Sommer regelmäßig Volkstanz-Vorführungen und Konzerte traditioneller Musik statt, ebenso im Volkskunstzentrum Tomtebo (s. S. 117), das am Parkplatz vor der Brücke nach Seurasaari liegt.

Unterwegs mit Kindern

In Helsinki sind Kinder – wie überhaupt in Finnland – willkommen. Das merkt man an den vielen Spielecken auf den Fährschiffen, in Restaurants, in manchen Kaufhäusern. Das merkt man aber auch im Alltagsbild, wo stillende Mütter und Väter mit Kinderwagen selbstverständlich sind.

Sightseeing

Kinder finden das herkömmliche Sightseeing meist wenig spannend. Besser als eine Stadtrundfahrt mit dem Bus ist es, auf interessantere Verkehrsmittel und häufigen Wechsel zu setzen, z. B. mit der Tram 3T/3B zu fahren (s. S. 83). Viele Museen haben Kinderabteilungen oder bieten in den Ferien Themenausstellungen. Für jüngere Besucher konzipiert sind z. B. das Wissenschaftszentrum Heureka in Vaanta (s. S. 96), das Freilichtmuseum Seurasaari (s. S. 100) oder das Naturhistorische Museum (s. S. 93). Ein Besuch der Seefestung Suomenlinna (s. S. 101) ist allein schon wegen der Seereise dorthin toll, aber auch, weil man sich dort zwischen Kasematten, Kanonen, Wallgräben und Bastionen so richtig austoben kann.

Was Kindern Spaß macht

Ein Höhepunkt für Kinder ist ein Besuch der typischen **Familienattraktionen**, in erster Linie natürlich der Vergnügungspark Linnanmäki (s. S. 97). Auch das Annantalo (s. S. 96) oder das Sea Life-Aquarium (s. S. 97) dürften bei den Kleineren gut ankommen.

Der Zeitplan bei Rundgängen sollte nicht zu eng sein. An vielen Stellen ist es möglich, die Tour an einem **Spielplatz** zu unterbrechen, auch in der Innenstadt. Schaukeln, Rutschen, Klettergerüste oder Sandkästen findet man z. B. auf dem Observatoriumsberg, im Kaivopuisto-Park oder im Park an der Kirkkokatu hinter der Domkirche.

Ein Bonbon an warmen Tagen sind die **Badeplätze**, zu denen man es nie weit hat in der Hauptstadt. Am Sandstrand ist immer viel los, man kann Minigolf spielen und andere Kinder treffen. Die Badebuchten von Seurasaari können mit einem Besuch des Freilichtmuseums verbunden werden. Gleiches gilt für die Badestellen auf den Inseln Pihlajasaari und Suomenlinna – hier kommt zum Badespaß noch eine Bootsfahrt hinzu.

Ein Besuch im **Zoo** zählt zu den Klassikern der Kinderbelustigung, das ist in Helsinki nicht anders. Korkeasaari (s. S. 97) bietet nicht nur viele Tiere, sondern auch ein großzügiges Gelände und ebenfalls die Möglichkeit der Anreise per Boot. Größere Kinder werden es gut finden, wenn sie sich **sportlich** betätigen können. Etwa bei einer Stadterkundung auf den kostenlosen City-Bikes. Oder wie wäre es mit einer Paddel-Tour auf der Töölö-Bucht?

Kosten für Kinder

Preisermäßigungen für Kinder bieten alle Transportunternehmen wie Busse, Bahnen, Fähren und Fluggesellschaften, auch bei Sonder- und Paketangeboten (z. B. Helsinki Card) zahlen Kinder nie den vollen Preis. Viele Hotels gewähren einzelnen Kindern kostenlose Übernachtung im Zimmer der Eltern. Noch besser ist das breite Angebot an Familienzimmern, nicht zuletzt auch bei den Jugendherbergen und Hostels. So gut wie alle Restaurants offerieren ein eigenes Kindermenü *(lastenannokset* oder *lapsille)* oder eine kleine Portion eines Hauptgerichtes.

Strand auf einer Schäreninsel

Aktiv in Helsinki

Angeln

Bekanntermaßen sind die finnischen Gewässer fischreich, Angeln ist hier ein weit verbreiteter Sport. Wer sein Glück mit mit Schlepp- und Wurfangel versuchen will, braucht aber eine Touristengenehmigung – zu erhalten u. a. bei Stockmann (Aleksanterinkatu 52), Salakala (Frederikinkatu 31) oder Schröder (Unioninkatu 23). Für Angeln nur mit Schwimmer braucht man keine Genehmigung. Das Fremdenverkehrsamt auf der Esplanade gibt weitere Infos, dort bekommt man auch eine kostenlose Fischgewässerkarte. Angeltouren auf dem Finnischen Meerbusen organisiert u. a.
Fishing Lords Oy,
www.fishinginhelsinki.com.

Baden

Baden ist in Helsinki zu jeder Jahreszeit möglich. Im Sommer locken die Badestrände auf den Inseln und im Zentrum oder das Schwimmstadion (Uimastadion) nahe dem Olympiastadion.

Badestrände
Am nächsten zum Zentrum liegt die Sandbucht von **Hietaniemi,** wo man aber an heißen Tagen zwischen Sonnenanbetern und Beach-Volleyballspielern kaum noch ein freies Plätzchen findet.

Ruhiger geht es an den Stränden der Inseln **Suomenlinna, Seurasaari, Uunisaari und Pihlajasaari** zu. Die beiden letzteren bieten Umkleidekabinen, Cafés, glatt geschliffene Badefelsen und mehrere Sandstrände, z. T. mit Strandwache und FKK-Abschnitten.

Hallenbäder
Im Winter stehen 13 Hallenbäder zur Verfügung; die drei größten liegen allerdings etwas außerhalb:
Mäkelänrinne, Mäkelänkatu 49,
Tel. 09 34 84 88 00, Erw. 5,30 €.
Größtes Hallenbad von Stadt und Land, mit 50-m-Becken und separaten Kinder-, Sprung- und Kaltwasserbecken, Whirlpools.
Itäkeskus, Olavinlinnantie 6,
Tel. 09 31 08 72 02, Erw. 4,70 €.
Freizeitoase mit mehrere Becken, Wasserrutsche, Whirlpools, Fitnessraum und sechs Saunas.
Serena-Freizeitpark, Tornimäentie 10, 02970 Espoo, Tel. 09 887 05 50, www.serena.fi, tgl. 11–20 Uhr,
Tagesticket Erw. 20,50 €.
Größtes Spaßbad der Nordischen Länder, in Espoo im Ortsteil Lahnus gelegen. Mehrere Pools, Wellenbad, Wasser-Terrassen, Wasserfälle, Rutschen

Aktiv in Helsinki

und andere Attraktionen, im Sommer mit mehreren Außenbecken.

Highlight

Yrjönkatu-Hallenbad (G 5)
Yrjönkatu 21b, Tel. 310 874 01
Erdgeschoss: Di–Sa 6.30–21,
So–Mo 12–21 Uhr (Erw. 4,20 €),
1. Stock: Di–So 14–21 Uhr (Erw. 11 €)
Wenn es draußen zum Baden zu kalt wird, öffnet das Hallenbad in Helsinkis Zentrum seine Pforten (meist Anfang Oktober). Schon von außen beeindruckt der 1928 fertig gestellte Bau mit reichem Dekor in der Nachfolge des Jugendstils. Erst recht aber erweist sich das Innere des Bades, das schon in manchem Russland-Film eine Rolle spielte, als einzigartig. Vom Untergeschoss aus kann man direkt in den 25-Meter-Pool steigen, hier gibt es auch zwei Elektrosaunen. Gäste des teureren Obergeschosses finden dort zwei Dampfbäder, zwei holzgeheizte Saunen und Umkleidekabinen mit eigener Liege. Das Hallenbad war nicht nur das erste Helsinkis, sondern ist auch das älteste in ganz Skandinavien. Man kann nackt schwimmen, deshalb gibt es eigene Öffnungszeiten für Frauen (Mo, Mi, Fr, So) und für Männer (Di, Do, Sa).

Radfahren/Fahrradverleih

Helsinki ist ausgesprochen radfahrerfreundlich, was auch die kostenlosen Stadträder (S. 25) beweisen. Rund 950 km Radwege stehen zur Verfügung. Eine besonders schöne Strecke ist der Weg über Inseln und Brücken rund um die Bucht von Seurasaari. Gewöhnungsbedürftig: Ein gemeinsamer Weg für Fußgänger und Radfahrer ist oft durch eine kleine Betonerhebung in zwei entsprechende Sektoren aufgeteilt. An Ampeln stehen oft wartende Fußgänger auf den Radwegen. Fahrräder kann man an mehreren Stellen im Stadtgebiet leihen, u. a. an der Jugendherberge im Olympiastadion und am Sportzentrum an der Töölö-Bucht (S. 80). Ein weiterer Anbieter:

Greenbike (G 6)
Bulevardi 32, 00120 Helsinki
Tel. 050 404 04 00
www.greenbike.fi
Mai–Sept. tgl. 10–20 Uhr
Große Auswahl an Tourenrädern und Mountainbikes, im Mietpreis (ab 15€/Tag) ist eine Helsinki-Radwanderkarte mit drei empfohlenen Routen enthalten.

Baden im Eisloch

Auch im Winter möchten die Finnen auf Open-Air-Schwimmen nicht verzichten. Die Seen und das Meer sind zwar zugefroren, aber man kann ja ein Loch in das Eis schlagen. Den Sprung ins eiskalte Wasser unternimmt man meist nach dem Saunagang, aber längst nicht nur. Auch so findet das Baden im Eisloch immer mehr Anhänger – es regt die Blutzirkulation an, stärkt die Abwehrkräfte und befreit von Ermüdungs- oder Stress-Symptomen. 13 für jedermann zugängliche Eisloch-Badestellen gibt es in Helsinki, bei Touristen am populärsten sind die am Campingplatz Rastila. Nicht vergessen: Badelatschen oder Socken tragen, um die Füße auf dem Weg zum Eisloch vor Erfrierungen zu schützen.

Aktiv in Helsinki

Schwitzen wie die Finnen

Experten bestätigen, dass die Geschichte der Sauna in Finnland mindestens zweitausend Jahre zurückreicht. Kein Wunder, dass heute *sauna* das wohl bekannteste finnische Wort überhaupt ist. Früher schwitzte man in Erdhütten, später in kleinen Blockhäuschen, zuerst in Rauchsaunas, heute fast nur noch in Ofensaunas. Zwei Dinge dürfen beim typisch finnischen Saunieren nicht fehlen: einmal der Aufguss, der auf die heißen Steine gegossen wird, und zum andern die Benutzung eines Bündels frischer Birkenzweige *(vihta),* mit dem man sich leichte Schläge versetzt. Die Sitten sind übrigens gar nicht locker: Man schwitzt auch heute noch vorwiegend im Kreis der Familie oder nach Geschlechtern getrennt – das gilt auch für Campingplätze, Hotels und öffentliche Saunas.

Golf

Helsingin Golfklubi
Talin kartano, 00350 Helsinki
Tel. 09 22 52 37 10
www.helsingingolfklubi.fi
Greenfee 60 € inkl. Trolleys
Der älteste 18-Loch-Golfplatz im Stadtgebiet wurde 1932 gegründet, er befindet sich rund 6 km westlich des Zentrums. Nichtmitglieder sollten werktags vor 15 Uhr aufs Grün. Es gibt ein Clubhouse mit Duschen, Sauna, Shop und Restaurant. Die Saison beginnt Anfang Mai und geht bis Ende September/Anfang Oktober.

Vuosaari Golf ry
Eteläreimarintie 9, 00980 Helsinki
Tel. 09 681 22 10, www.vuosaarigolf.fi
Greenfee Mo–Fr 50 €, Sa–So 60 €, inkl. Trolleys
Der 18-Loch-Golfplatz liegt auf leicht welligem Gelände mit Meerblick. Es steht ein Clubhouse mit Duschen, Sauna, Shop und Restaurant zur Verfügung.

Nordic Walking, Kajak & Kanu

Töölönlahden Ulkoilukeskus (F 3)
Mäntymäentie 1
Tel. 09 47 76 97 60, www.ulos.fi
Mo–Fr 12–18, Sa–So 12–16 Uhr
Das Sportzentrum an der Töölö-Bucht verleiht Ruderboote, Kajaks, Kanus, Nordic-Walking-Stöcke, Skates, Skier und Fahrräder.

Saunas

An Saunas herrscht in Helsinki kein Mangel. Wer trotzdem außerhalb von Hotel, Privatwohnung, Campingplatz oder Schwimmbad saunieren möchte, kann das in mehreren öffentlichen Anlagen tun. Die Finnische Sauna Gesellschaft unterhält z. B. für ihre Mitglieder und Helsinki Card-Inhaber einen ganzen Komplex auf der Insel Lauttasaari, auch im Stadtteil Hermanni gibt es eine öffentliche Sauna. Näher zum Zentrum liegen:

Kotiharju-Sauna (H 2)
Harjutorinkatu 1, Tel. 09 753 15 35, Einlasszeiten Di–Fr 14–20, Sa 13–19 Uhr, Erw. 9 €.
Traditionelle Sauna im Arbeiterviertel Kallio, die letzte öffentliche in Helsinki, die ausschließlich mit Holz beheizt wird.

Aktiv in Helsinki

Arla (H 2), Kaarlenkatu 15
Tel. 09 71 92 18
www.arlansauna.net
Mi–So 14–20 Uhr,
Erw. 7 €.
Saunaanlage im alten Stil, beheizt mit Erdgas und Holz.
Saunabar (F 5), Eerikinkatu 27
Tel. 09 586 55 50
tgl. 15–24 Uhr, ab 5 €.
Ziemlich zentral gelegene, moderne Anlage mit zwei großen Saunas (Elektro-Öfen), Reservierung nicht notwendig. Etwas schräge Einrichtung mit Restaurant, Bar, Relax-Zone mit TV und Billard, DJ, manchmal abends Live-Musik – was natürlich ein jüngeres Publikum anzieht.

Wandern

Helsinki ist eine ausgesprochen grüne Hauptstadt, und Wanderer haben keine Schwierigkeiten, ihrer Passion nachzugehen. Hilfreich ist die kommentierte Karte ›Walk the green Helsinki‹, die es gratis bei der Touristeninformation gibt und auf der sieben interessante Wanderrouten vorgeschlagen werden. Besonders ausdauernde Wanderer haben im riesigen Zentralpark **Keskuspuisto** (S. 98) das beste Revier, wo die im Winter beleuchteten Langlaufloipen im Sommer zu Wanderpfaden umgewidmet werden. In der Umgebung locken in Tapiola eine internationale Wander- und Fahrradroute (IVV) und in Vantaa markierte Wanderstrecken.

Wintersport

Finnland ist bekannt als perfekte Wintersport-Destination, und entsprechende Möglichkeiten gibt es auch in seiner Hauptstadt. Ob Schlittschuhlaufen auf den vielen zugefrorenen Seen und Buchten, ob Eislochangeln oder Skilanglauf in der näheren Umgebung – ein Besuch Helsinkis lohnt für Sportinteressierte also auch in der kalten Jahreszeit.

Schlittschuhlaufen
Schlittschuhlaufen kann man auf verschiedenen Plätzen im Stadtgebiet. Die meisten sind November bis März geöffnet. Recht zentral und mit Musikuntermalung bietet sich der Platz **Brahenkenttä** an, Helsinginkatu 23, Tel. 09 753 29 32, Erw. 3 €, Schlittschuhmiete 4,50 €, Mo–Fr 8–20, Sa, So 10–20 Uhr.

Skilaufen
Zum Skilaufen hat Helsinki schneesichere Verhältnisse von Januar bis März, oft aber schon vorher und darüber hinaus. Eine Skilanglaufschule samt Geräteverleih befindet sich 9 km außerhalb bei Paloheinän ulkoilumaja (Pakilantie 124, Tel. 75 41 24, www.suomenlatu.fi).

Populär ist der **Serena-Freizeitpark** bei Lahnus/Espoo mit seinem Ski-Zentrum, das über gespurte Loipen und Abfahrtspisten, fünf Lifte, Skischule, Geräteverleih etc. verfügt.

Paddeln auf der Töölö-Bucht

Es macht Spaß, um die zentrale Töölö-Bucht zu wandern, genauso gut kann man aber auch per Tretboot oder Kanu aufs Wasser hinaus. Hier, im Herzen der Stadt, erlebt man vom Boot aus fantastische Blicke z. B. auf die Finlandia-Halle, die Holzvillen oder die Nationaloper. Einen Bootsverleih findet man direkt unterhalb der Finlandia-Halle (Frühjahr bis Herbst Mo–Fr 14–19, Sa–So 11–19 Uhr).

Sehenswert

Kinder an der Komponisten Büste im Sibelius-Park

Ein junges Zentrum

Im Vergleich zu den anderen nordischen Metropolen ist Helsinki eine junge Stadt: als sie 1550 gegründet wurde, gab es Kopenhagen, Stockholm und Oslo schon lange. Und sie ist genauso eine junge Hauptstadt: Als sie 1812 die Nachfolge von Turku/Åbo antrat – bei damals gerade dreieinhalbtausend Einwohnern! –, waren Kopenhagen oder Stockholm schon jahrhundertelang Hauptstädte. Sehenswertes kann also hier nicht sehr alt sein – dass aber auch Junges sehenswert ist, beweist allein schon der Blick vom Senatsplatz zur Domkirche. Dieses **neoklassizistische Zentrum,** 1812–50 errichtet und wie aus einem Guss, ist ein großer städtebaulicher Wurf und Fixpunkt aller Sightseeing-Touren. Dank der Kompaktheit Helsinkis sind die anderen Haupt-Sehenswürdigkeiten von hier aus eigentlich alle zu Fuß zu erreichen.

Eine Art natürliche Grenze zu den neueren Wohngebieten stellt die **Töölö-Bucht** dar. Sie sollte schon in der Stadtplanung der 1930er-Jahre das neue Zentrum bilden, und Aaltos Finlandia-Halle, die Nationaloper und das Stadttheater setzen nahe dem Wasser kulturelle Akzente, um diese Idee zu unterstreichen. Auch das dringend erwartete Musikhaus *(musiikkitalo)* wird derzeit an der Töölö-Bucht gebaut.

Großraum Helsinki

Der Bevölkerungszuwachs – besonders stark nach dem Zweiten Weltkrieg und in den 1970–90er-Jahren – kümmerte sich aber weder um das neoklassizistische Viertel noch um die Töölö-Bucht. Die Hauptstadt wucherte über diese Zentren hinaus, besetzte die gesamte Halbinsel, dehnte sich über verschiedene Inseln und weit nach Norden aus. Heute sind dort die Grenzen zu den anderen Städten Espoo und Vantaa kaum mehr auszumachen.

In **Vuosaari,** 14 km vom Zentrum entfernt, baut man eine Satellitenstadt, in der 2010 rund 40 000 Menschen leben werden. Und im Vorort **Vikki,** wo man schon den neuen Wissenschaftspark angesiedelt hat, entsteht derzeit ein 13 000-Einwohner-Stadtteil nach den Prinzipien des ökologischen Bauens. Deshalb meint man mit Helsinki immer häufiger den gesamten Großraum (1,3 Mio. Einwohner), der straßentechnisch durch die Ringstraße *(kekä)* III definiert wird.

Im Großraum lohnen einzelne Mittelalterkirchen den Besuch, ebenso Museen wie Heureka in **Vantaa** oder Tarvaspää bei **Espoo.** Auch die neue Architektur von **Otaniemi oder Tapiola** zieht viele Besucher an. Das aber sind Besichtigungsziele, für die man einen längeren Aufenthalt oder wirklich

Sehenswert

besonderes Interesse braucht. Denn wenn man das ›eigentliche‹ Helsinki schon verlassen möchte, dann sollte man die Zeit in spektakluläre Ausflugsziele investieren (s. S. 102): z. B. in eine Bootsfahrt in den **Schärengarten,** eine Exkursion zum pittoresken Holzhausstädtchen **Porvoo,** einen Ausflug ins **Seebad Hanko** oder eine Wildnistour zum nahe gelegenen **Nationalpark Nuuksio.** Und was nennt die Statistik als populärsten Ganztagesausflug? Den Besuch in der estnischen Hauptstadt **Tallinn,** die sozusagen vor der Haustüre liegt, am jenseitigen Ufer des Finnischen Meerbusens.

Clubs und Bars und wegen einer Szene, die kreativ und aufgeschlossen ist. Überhaupt gilt die Altstadt als sehr moderne, angesagte Adresse.

Eira (G 6/7)

Südlich des Zentrums und westlich des Kaivopuisto-Parks breitet sich das Stadtviertel Eira aus, das die geschlossenste Bebauung im finnischen Jugendstil aufweist. Als Orientierungspunkte können der spitze Turm der Mikael-Agricola-Kirche von 1935 oder das Krankenhaus Ullanlinna an der Tehtaankatu, an dem auch die Tram anhält, dienen. Zwischen Kirche und Krankenhaus liegt der kleine Park Eiranpuisto –

Stadtviertel

Arabianranta (außerhalb)
Tram 6, Busse 68, 71, 74, 77

Das von Gustav Vasa gegründete Helsinki lag ursprünglich an der Mündung des Vantaa-Flusses, bevor die Stadt an ihren heutigen Platz verlegt wurde. Am ursprünglichen Ort befindet sich die sogenannte Altstadt (Vanhakaupunki, schwed. Gammelstaden). Sehenswert sind die Stromschnellen mit einem Kraftwerk und das reichhaltige Vogelleben. Im Viertel selbst sieht man noch das ein oder andere Holzhaus, doch ist das Quartier heute vor allem modern, jung und lebhaft. Das Industriegebiet Arabianranta wird derzeit in ein architektonisch anspruchsvolles 10 000-Einwohner-Quartier umgebaut. Shopping-Touristen kommen wegen der ehemaligen Keramikfabrik von Arabia mit ihren Iittala-, Arabia- und Hackmann- Outlet-Stores hierhin. Und junge Leute sieht man nicht nur wegen der hier heimischen Universität für Kunst & Design oder dem Pop & Jazz-Konservatorium, sondern auch wegen mancher schriller

Mit der 3T/3B unterwegs

Mit den grünen Wagen der Tram kann man die preiswerteste Sightseeing-Tour unternehmen und bekommt zusätzlich noch viel vom Helsinkier Leben mit. Die Linie 3T fährt als große Acht im Uhrzeigersinn u. a. folgende Stationen bzw. Viertel an: Kauppatori, Senatsplatz, Lasipalatsi, Naturhistorisches Museum, Felsenkirche, Olympiastadion, Kallio-Kirche, Hakaniemi-Markt, Bahnhof, Design-Distrikt, Eira, Kaivopuisto-Park, Alte Markthalle, Kauppatori. Die 3B fährt in umgekehrter Richtung. Da die Bahnen von früh bis spät im Abstand von etwa 20 Minuten verkehren, sind alle Sehenswürdigkeiten der Hauptstadt bequem erreichbar. Und wer ein HKL Tourist Ticket oder die Helsinki Card besitzt, kann die Tour auch mehrfach abfahren. Beim Fremdenverkehrsamt erhält man eine Broschüre über diese Strecke.

Sehenswert

von hier aus ist man in wenigen Minuten an den Jugendstilbauten auf der Tehtaankatu und Huvilakatu. Aber eigentlich ist eine Wegempfehlung unnötig, denn fast alle öffentlichen wie privaten Häuser zeigen die typischen Merkmale der Jahrhundertwende. Ein Eldorado für Fotografen und Architekturfreunde also, das man am besten zu Fuß erkundet. Wer in Eile ist, kann die schmucken Fassaden zumindest bei einer Fahrt mit der Tram (Linien 1/1A, 3T/3B) betrachten.

Kaartinkaupunki (G/H 5/6)
schwed. Gardesstaden

Zwischen Esplanade und Observatoriumsberg, nur wenige Gehminuten vom Zentrum entfernt, liegt das zurzeit lebhafteste Viertel der Stadt, dem man schon längst den Beinamen **Design-Distrikt** gegeben hat. Es umfasst die Einkaufsstraßen Uudemaankatu und Roobertinkatu, wo es vor Modeboutiquen und Möbelläden, Werbeagenturen und Trendlokalen nur so wimmelt. Hier findet man Kinos, Clubs und Kneipen, Restaurants mit Weltküche und Fast-Food-Ketten, Theater und Museen. Und dazwischen gibt es immer wieder Denkmäler vergangener Epochen, z. B. die Garde-Kaserne von 1825, in der heute das Verteidigungsministerium untergebracht ist und nach der das Viertel benannt ist.

Kallio (G/H 2/3)
schwed. Berghäll

Nördlich des Zentrums und des Marktplatzes von Hakaniemi steigt das Gelände leicht an, und von der höchsten Stelle grüßt der Turm der Kallio-Kirche (S. 91) weit in jede Richtung. Die Straßenzüge rundherum gehören zu einem traditionellen Arbeiterquartier und können das auch nicht verleugnen. Aber immer mehr junge Leute zieht es hierhin, die Immobilienpreise steigen und das Viertel verändert sich. Es ist zu erwarten, dass sich Kallio in naher Zukunft ebenfalls zu den Trendvierteln der Hauptstadt gesellen wird. Wer es jetzt schon kennenlernen möchte, fährt mit der Metro bis Station Hakaniemi oder, besser noch, nimmt die Tram 3T/3B.

Katajanokka (H/J/K 5)
schwed. Skatudden

Die östlich des Marktplatzes gelegene Halbinsel Katajanokka, vom eigentlichen Zentrum durch einen Kanal abgetrennt, wird von der orthodoxen Uspenski-Kathedrale (s. S. 91) überragt. Auch sonst erinnert vieles an die russische Zeit, z. B. die ehemaligen Lazarettgebäude und riesigen Kasernen, in denen heute z. T. das Außenministerium untergebracht ist, oder auch das alte Offiziers-Kasino.

Katajanokka ist ein grundsolides, ruhiges Viertel, ohne die Aufgeregtheit des Design-Distrikts – ideal für Spaziergänge am Wasser entlang oder entspanntes Sightseeing zwischen den imposanten Wohnblocks. Im Süden legen die Fähren und Kreuzfahrtschiffe an. Für weitere Besucher sorgen auf dieser Seite ein Kongress-Zentrum, ein großes Hotel und mehrere Lokale, deren Preisniveau etwas niedriger ist als im Zentrum. Am Nordufer ›übersommert‹ die finnische Eisbrecherflotte. Hier führt auch ein Weg direkt am Wasser entlang zu Bootsanlegern, dem Katajanokka-Kasino und zu einem idyllischen Backstein-Viertel mit Boutiquen und Restaurants. Für Architekturfans ist Katajanokka ein Muss – wegen der interessanten Melange aus alten Zoll- und Packhäusern, Jugendstil-Gebäuden, neoklassizistischen Prunkbauten und neuerer Architektur.

Sehenswert

Ruoholahti (D/E 6)
schwed. Gräsviken

Rund um den Westhafen sah man früher nur Werften, Kräne und Industriebrachen. Ab den 1990ern wurde das Viertel saniert. In Ruoholahti leben heute Sozialhilfeempfänger ebenso wie Beamte, gibt es innovative Kreativfirmen ebenso wie Fabriken und Hafenterminals. Die alte Nokia-Kabelfabrik (s. S. 94) wurde das größte Kulturzentrum des Landes, drum herum breitet sich ein Business-Distrikt aus, in dem sich viele High-Tech-Firmen niedergelassen haben. Alte Industriegelände, der Hafen, neue Architektur und Wasser gehen hier eine attraktive Verbindung ein. Architekturfans sollten sich das High-Tech-Center (HTC) an der Tammasaarenkatu nicht entgehen lassen, dessen fünf markante Bürogebäude nach berühmten Schiffen benannt sind. Touristisch von Bedeutung ist Länsiterminaali (West-Terminal), wo die meisten Tallinn-Fähren und Boote festmachen. Auch gibt es erste größere Hotels, etwa das Radisson SAS Seaside Hotel; es fehlen nur Kneipen und Läden. Ruoholahti lässt sich ab der gleichnamigen Metrostation bequem zu Fuß erkunden.

Senaatintori (H 4/5)
schwed. Senatstorget

Der **Senatsplatz** mit dem dahinterliegenden Viertel **Kruunuhaka** (schwed. Kronohagen) ist das eigentliche Zentrum der Hauptstadt. Nach dem verheerenden Brand von 1808 wurde hier eine neue Stadt gebaut – die schon um 1840 im Wesentlichen vollendet war. Unter der Leitung der Architekten J. A. Ehrenström und C. L. Engel entstand ein neoklassizistisches Ensemble harmonischer, in hellen Farben gehaltener Gebäude, wie man sie in dieser Reinheit und Geschlossenheit weltweit selten findet. Dieses St. Petersburg im verkleinerten Maßstab blieb bis auf den heutigen Tag unverändert. Überragt wird es in jeder Beziehung von der Domkirche (s. S. 91), doch sollte man auch das Viertel nördlich vom Senatsplatz und Dom kennen lernen. Dort sieht man entlang der Straßen Kirkkokatu, Snellmaninkatu, Rauhankatu und Unioninkatu prächtige Wohn-, Universitäts-, Bank- und öffentliche Gebäude, kleine Parkanlagen, Restaurants, Antiquitätengeschäfte und Tante-Emma-Läden. Eine fast schon beschauliche Nachbarschaft ohne die großen Kaufhäuser der Unterstadt und auch ohne Touristenmassen.

Sightseeing per Boot

Über 300 Inseln und Schären im Stadtgebiet sind ein guter Grund, Helsinki von der Wasserseite aus zu erleben. Am Marktplatz starten während der Sommersaison eine Vielzahl von Ausflugsbooten, die Dauer variiert zwischen 1,5 und 2,5 Stunden – besonders interessant die **Kanaltour von Sunlines.** Fast alle Bordcafés haben volle Schankrechte, sodass auch Lunch- und Dinner-Kreuzfahrten beliebt sind. Einen kleinen Eindruck bekommt man schon auf den **Fähren** nach Suomenlinna und zur Zooinsel Korkeasaari. Und wer unabhängig sein möchte, macht mit dem **Wassertaxi** ab der Alten Markthalle (s. S. 87) eine ganz individuelle Sightseeing-Tour. Bootsrundfahrten kosten ab 18 €/Pers., weitere Infos unter www.royalline.fi oder www.sunlines.fi.

Sehenswert

Straßen & Plätze

Esplanade (G/H 5)
Esplanade, Senatsplatz und Marktplatz – die drei markieren das historische Dreieck des neoklassizistischen Zentrums. Und darunter ist die Esplanade der eleganteste und grünste Eckpunkt – ein länglicher Park, der die Autostraßen zu seinen Seiten in die Nördliche Esplanade (Pohjoisesplanadi) und die Südliche Esplanade (Eteläesplanadi) trennt. Beide Sektionen gelten als Top-Shopping-Adressen (s. S. 54), doch gibt es auch schöne Cafés, Restaurants, das traditionsreiche Luxushotel Kämp, Banken, Geschäftshäuser und das Fremdenverkehrsamt. Dazwischen erstreckt sich eine Flaniermeile, wie man sie sich vor allem im Sommer schöner nicht denken kann. Hier lässt man sich vor den Denkmälern der Nationalhelden fotografieren oder nimmt Platz, um eines der häufigen Sommerkonzerte zu genießen. **Kappeli,** ein Holzschlösschen (1867) mit Glasveranda, Café, Restaurant und Bar, bestimmt den unteren Teil der Esplanade. Am östlichen Ende wartet der Brunnen mit der verzückten **Havis Amanda** (Ville Valgren, 1908).

Mannerheimintie (D–G 1–5)
schwed. Mannerheimvägen
Die vierspurige Mannerheimintie ist die Hauptschlagader Helsinkis: Verkehrsreich, laut, großstädtisch. Wer die Avenue in einer der vielen Tramlinien entlangfährt, hat schon viele der Sehens-

Belebte Einkaufsmeile: die Alexanderstraße (Aleksanterinkatu)

Sehenswert

würdigkeiten Helsinkis gesehen – vom Olympiastadion und der Nationaloper im Norden bis zum Glaspalast, dem Schwedischen Theater und der Esplanade im Süden. Die Mannerheimintie verbindet diese Punkte und Stadtteile, und sie trennt das Zentrum in einen westlichen und einen östlichen Teil. Ihr Name erinnert an Marschall Mannerheim, ebenso das große, 1960 von Aimo Tukiainen geschaffene Reiterdenkmal zwischen Kiasma und Reichstag. Es ragt unter den vielen Skulpturen entlang dieser Straße ebenso hervor wie das Denkmal der Drei Schmiede, ein beliebter Treffpunkt neben dem Studentenhaus.

Highlight 5

Marktplatz/Kauppatori (H 5)
schwed. Salutorget

Der von Ostsee, zwei Halbinseln und dem Stadtzentrum eingerahmte Kauppatori ist der neben dem Senaatintori wichtigste Platz der Stadt. Und er ist sehr viel mehr als ein Markt im herkömmlichen Sinn. Natürlich kann man hier Fisch, Fleisch, Obst und Gemüse kaufen. Oder auch Souvenirs wie Rentierfelle oder Lappenmesser. Man kommt aber auch hierhin, um zu sehen und gesehen zu werden, um Kaffee zu trinken oder eine Pirogge zu essen. Und die Ausflugsboote nach Suomenlinna und Korkeasaari starten am Markt, ebenso viele andere Sightseeing-Fahrten. Der Markt findet rings um den Obelisken statt, aber auch auf offenen Booten und im rot-weißen Backsteingebäude südwestlich hinter dem kleinen Hafenbecken. Die **Alte Markthalle** ist zwar nicht die einzige der Stadt, aber sicher eine der schönsten und zudem die älteste (1888).

Bahnhofsplatz/Rautatientori (G 4/5)
schwed. Järnvägstorget

Etwa 300 m nordwestlich des Senatsplatzes öffnet sich die weite Freifläche des Bahnhofsplatzes. An seiner Südseite befindet sich die **Finnische Nationalgalerie Ateneum** (s. S. 95), ihr gegenüber auf der anderen Seite des Platzes das 1902 aus Granitquadern erbaute **Finnische Nationaltheater** (s. S. 74). Davor sieht man ein Denkmal für den Nationaldichter Aleksis Kivi (Aaltonen, 1939). Die hohen Häuser im Osten, nachts von bunter Reklame illuminiert, beherbergen Hotels, Banken und das Casino. Und im Westen zieht eines der markantesten Bauwerke der Stadt, der monumentale **Hauptbahnhof** (s. S. 88), die Blicke auf sich.

Highlight 6

Senatsplatz/Senaatintori (H 5)
schwed. Senatstorget
Tram 1/1A, 3T/3B, 4

Als der Zar für seine finnische Provinz eine neue Hauptstadt planen ließ, beauftragte er den deutschstämmigen Architekten Carl Ludwig Engel. Dabei sollten der Senatsplatz und seine Umgebung das Herzstück darstellen, an dem die wichtigsten Institutionen konzentriert waren. Engel lieferte hier sein Meisterstück ab und schuf einen der schönsten und geschlossensten öffentlichen Plätze der damaligen Zeit. Im Zentrum steht die Statue des Zaren Alexander II. (1894), dahinter erhebt sich im Norden als alles beherrschendes Bauwerk die lutherische **Domkirche** (s. S. 91). Die weiteren Bauten, die den Platz begrenzen, sind im Westen die Universität (Yliopisto) und die **Univer-**

Sehenswert

Helsinkis Bahnhof, ein markanter Bau der späten Jugendstil-Epoche

sitätsbibliothek (Yliopiston kirjasto) mit ihrer flachen Kuppel. Beide sind öffentlich zugänglich – den Lesesaal der Bibliothek sollte kein Literatur- und Architekturfreund verpassen. Auch lohnt ein Besuch des Cafés in den Kellergewölben. Auf der anderen, östlichen Seite steht das **Regierungspalais** (Valtioneuvoston linna), in dem sich heute u. a. das Büro des Ministerpräsidenten befindet. Der Senatsplatz ist nicht nur ein städtebauliches Highlight, sondern hat seinen festen Platz im Leben der Hauptstädter. In der Weihnachtszeit steht hier der größte Weihnachtsbaum des Landes, in der Neujahrsnacht gibt es die traditionelle Andacht, hier finden die größten Demonstrationen der Republik statt. Und zu besonderen Konzerten können sich auch schon mal 60 000 Zuschauer einfinden — wie 1993 bei dem legendären Auftritt der Leningrad Cowboys mit dem Chor der Roten Armee.

Bauwerke

Glaspalast/Lasipalatsi (G 5)
Mannerheimintie 22–24
Tram 3T/3B, 4/4T,10
Lasipalatsi, der ›Glaspalast‹, stammt aus den 1930er-Jahren. Dieser funktionalistische Bau, aufwendig restauriert und 1998 wiedereröffnet, beherbergt heute Kinos, Internet-Cafés, Restaurants, Läden und Kulturinstitutionen.

Highlight

Hauptbahnhof/ Rautatieasema (G 4)
schwed. Järnvägsstation
Der Hauptbahnhof gilt zu Recht als eins der markantesten Bauwerke und als Wahrzeichen Helsinkis. 1904 gewann der Architekt Eliel Saarinen den ersten Preis eines Wettbewerbes mit seinem Entwurf, der bis 1916 realisiert wurde

Sehenswert

und bald als Vorbild für andere Kopfbahnhöfe in Europa diente. Es lohnt sich, den Granitbau durch das von mächtigen Fackelträgern flankierte Hauptportal zu betreten (achten Sie auf die Details an Türen und Wänden!) und die Raumwirkung der klar gegliederten Hallen aufzunehmen. Leider wurde das schöne Eliel-Restaurant in ein Self-Service-Lokal mit Spielcasino umgewandelt. Auf dem Fahrplan stehen Züge nach St. Petersburg und Moskau, und ein Blick auf die Gleise mit ihrer doppelten Spurbreite zeigt, dass man sich hier wirklich zwischen Ost und West bewegt. Zur anderen Seite hin gelangt man vom Bahnhof zur Metrostation, zu den Bussen und zur unterirdischen Einkaufspassage.

Kamppi (F 5)
schwed. Kampen
Urho Kekkosenkatu
www.kampinkeskus.fi
Tram 3T/3B, 4/4T, 10
Jahrelang nervte die Dauerbaustelle zwischen Mannerheimintie und Frederikinkatu, dann wurde endlich 2005/06 der Kamppi-Komplex fertig gestellt. Die Architektur: Naja, man hat schon interessantere Gebäude gesehen. Aber für die Stadt- und Verkehrsentwicklung war das Ganze richtungsweisend. Kamppi beherbergt ein Einkaufszentrum auf sechs Etagen, in den unteren Geschossen eine Food Mall, den modernsten Busbahnhof Europas und eine Metrostation, außerdem jede Menge Apartment-Wohnungen und Büros. Und die große Freifläche davor (mit dem Uhrenturm des alten Busbahnhofes) gibt Platz für alle möglichen Events.

Olympiastadion (F 2)
Hammarskjöldintie
Tel. 09 44 03 63, www.stadion.fi
Aussichtsturm Mo–Fr 9–20, Sa–So 9–18 Uhr; während Sport- oder sonstiger Veranstaltungen ist der Turm geschlossen
Tram 3T/3B, 4, 7A/7B, 8, 10
Geplant war das Stadion für die Olympischen Spiele von 1940, die wegen des Zweiten Weltkrieges ausfielen und 1952 nachgeholt wurden. Die Modernität dieser landesweit größten Sportarena erschließt sich wohl am ehesten, wenn man es mit einem ›Vorgängerbau‹, dem Berliner Olympiastadion, vergleicht. In den Räumlichkeiten des Stadions sind eine Jugendherberge, ein Café und ein Sportmuseum untergebracht. Mit dem Aufzug kann man auf den markanten, 72 m hohen Aussichtsturm hinauffahren. Eine Seite des Stadions ist seit der Leichtathletik-Weltmeisterschaft von 2005 mit einem Dach ausgestattet. Vor dem Haupteingang huldigt ein Denkmal einer Ikone des finnischen Sports, dem Langstreckenläufer und Nationalhelden Paavo Nurmi, dessen vergoldete Schuhe im Sportmuseum aufbewahrt werden. In unmittelbarer Nähe des Stadions sind weitere Sportstätten angesiedelt: das neue Finnair-Stadion, die Eissporthalle (Jäähalli), das Schwimmstadion und verschiedene Fußballplätze.

Präsidentenpalais/Presidentin Linna (H 5)
Kauppatori
Tram 2, 4
Das Präsidentenpalais im Nordosten des Kauppatori (s. S. 87) ist nicht nur das eindrucksvollste Gebäude am Markt, sondern war auch lange Zeit das Zentrum der politischen Macht im Lande. Ursprünglich stand hier ein 1818 errichtetes Privathaus, das dann nach Plänen von Engel zum Palast der Zaren umgebaut wurde. Ab der Unabhängig-

Sehenswert

Ikone mit Silberoklad in der Uspenski-Kathedrale

keit residierten außer Urho Kekkonen alle finnischen Staatsoberhäupter im Präsidentenpalais – seit 1993 allerdings ist die Halbinsel Mäntyniemi mit einem modernen, verglasten Komplex zur wichtigsten politischen Adresse der Republik geworden.

Reichstag/Eduskuntatalo (F 4)
Mannerheimintie 30,
Tel. 09 43 21, www.eduskunta.fi
freie Führungen Juli–Aug. Mo–Fr 14 u. ganzjährig Sa 11, 12, So 12, 13 Uhr
Tram 3T/3B, 4, 7A/7B, 10
Oberhalb der viel befahrenen Verkehrsader Mannerheimintie erhebt sich der wuchtige Granitkoloss des Parlamentsgebäudes. Es wurde 1925–31 im neoklassizistischen Stil errichtet und gilt mit seiner monumentalen Säulenfront als wichtigstes Werk des Architekten Sirén.

Flankiert wird es von Denkmälern finnischer Präsidenten. Der Reichstag wurde durch zwei verglaste Nebengebäude mit kühnem Schwung ergänzt, gegenüber entsteht das neue ›Musikhaus‹.

Kirchen

Alte Kirche/Vanhakirkko (G 5)
schwed. Gamla kyrka
Tram 3T/3B, 10
In südlicher Richtung gelangen Sie von der Mannerheimintie über die Lönnrotinkatu zu einem hübschen Park, in dem die sog. Alte Kirche einen Besuch lohnt. Das in hellen Farben gehaltene hölzerne Gotteshaus wurde nach einem Entwurf C. L. Engels 1826–27 erbaut. Um die Kirche dehnt sich unter schattigen Bäumen ein älterer Friedhof aus, auf

Sehenswert

dem u. a. Denkmäler für finnische und deutsche Soldaten zu entdecken sind.

Dom/Tuomiokirkko (H 5)
schwed. Domkyrka
Senaatintori, Tel. 09 709 24 55
Mo–Fr 9–19, Sa–So 9–18, im Winter
Mo–Sa 9–18, So 12–18 Uhr
Tram 1/1A, 3T/3B, 4
Das durch seine Größe und erhöhte Lage alles beherrschende Bauwerk Helsinkis ist die 1852 fertig gestellte lutherische Domkirche. Sie ist sicher das meistfotografierte Gebäude des Landes und begrüßt alle Reisenden, die mit der Fähre in Helsinki ankommen, schon von Weitem. Der Dom, der ursprünglich Nikolai-Kirche hieß (nach dem Schutzpatron der Seefahrt und Zar Nikolaus I.), wurde 1832–52 nach Plänen von Engel gebaut, später allerdings mehrfach umgestaltet. Das Innere ist – für viele Besucher überraschend – sehr schlicht. Von der Domterrasse eröffnet sich ein herrlicher Blick über den Senatsplatz bis hin zum Hafen. Unter der Kirche befindet sich eine große Krypta, die u. a. für Musikveranstaltungen und Kunstausstellungen genutzt wird.

Kallio-Kirche/Kallion kirkko (H 2)
schwed. Berghälls kyrkan
Itäinen papinkatu 1, tgl. 14–18 Uhr
Tram 1/1A, 3T/3B
Die 1912 erbaute Kirche ist mit ihrem hohen Turm fester Bestandteil der Hauptstadt-Skyline. Mit grauem Granit verkleidet und aus über einer Million Ziegelsteinen erbaut, gilt sie als Hauptwerk des finnland-schwedischen Architekten Lars Sonck und verkörpert neben dem Nationalmuseum am besten den Stil der Nationalromantik. Von der Terrasse hat man einen schönen Blick nach Süden bis hin zum Observatorium.

Tempelkirche/Temppeliaukion kirkko (F 4)
s. S. 76

Uspenski-Kathedrale/ Uspenskin katedraali (H 5)
Kanavakatu 1, Tel. 09 63 42 67
Mo–Sa 9.30–16, So 12–15 Uhr,
im Winter Sa bis 14 Uhr
Tram 4, 4T, Bus 13
Hinter einem blockhaften Marmorgebäude, das in dieser Umgebung wenig passend wirkt (1962 von Alvar Aalto entworfen), erhebt sich die größte russisch-orthodoxe Kirche Nordeuropas. Die der ›entschlafenen Jungfrau Maria‹ geweihte Kathedrale entstand 1868 im altrussischen Stil. Außen ist sie mit rotem Backstein verkleidet, darüber sieht man rings um den Turmhelm mehrere vergoldete Laternen. Das Innere wird von bemalten Granitsäulen und einer prachtvoll vergoldeten Ikonostase beherrscht. Von der Terrasse hat man einen schönen Blick über das alte Hafenmagazin auf den Nordhafen und nach Westen auf das historische Zentrum.

Museen

Amos Anderson Art Museum (G 5)
Yrjönkatu 27, 00100 Helsinki
Tel. 09 684 44 60
www.amosanderson.fi
Mo–Fr 10–18, Sa, So 11–17 Uhr
Erw. 7 €
Tram 3T/3B, Bus 13
Das Museum enthält eine der größten privaten Kunstsammlungen des Landes, gestiftet vom Verleger und Zeitungsmacher Amos Anderson (1878–1961). Der Bestand ist der finnischen Kunst des 20. Jh. gewidmet, es gibt aber auch Wechselausstellungen.

Sehenswert

Finnisches Nationalmuseum/ Kansallismuseo (F 4)
Mannerheimintie 34, 00100 Helsinki
Tel. 09 40 50 95 44
www.kansallismuseo.fi
Di–Mi 11–20, Do–So 11–18 Uhr
Erw. 7 €
Tram 4, 7A/B, 10
Schon das 1916 eingeweihte Gebäude ist sehenswert: Es erinnert an eine Kirche, wurde von den Architekten Gesellius, Lindgren und Saarinen entworfen und gilt als Hauptwerk der Nationalromantik. Der zentrale Kuppelsaal im Innern wurde von Akseli Gallen-Kallela mit Fresken ausgeschmückt, deren Motive dem Nationalepos ›Kalevala‹ entstammen. Interessant ist die prähistorische Sammlung u. a. mit dem ältesten erhaltenen Fischernetz der Welt, auch die kirchengeschichtliche Abteilung (Barbara-Altar von 1410) sowie die Sammlung der finno-ugrischen Völker und der Sámi sind sehenswert. Verglichen mit anderen Nationalmuseen ist der Bestand aber bescheiden.

Stadtmuseum Helsinki/ Helsingin kaupunginmuseo (H 5)
Sofiankatu 4, 00100 Helsinki
Tel. 09 169 39 33
www.helsinkicitymuseum.fi
Mo–Fr 9–17, Sa–So 11–17 Uhr
Eintritt frei (gilt auch für alle Filialen des Stadtmuseums)
In zentraler Lage zwischen Dom, Markt und Esplanade dient ein Jugendstilhaus als Hauptgebäude des Stadtmuseums, das die über 450-jährige Geschichte Helsinkis dokumentiert. Außer Gemälden, Fotos und anderen Gegenständen werden dazu zwei sehenswerte Videofilme gezeigt. Vor der Haustüre sind Telefonzellen, Hydranten und Straßenpflaster vergangener Tage installiert, sodass die Sofiankatu als Straßenmuseum (Katumuseo, freier Eintritt) dient. Zum Stadtmuseum gehören neun über die Stadt verstreute Filialen sowie Archive. Einen Besuch wert sind dabei vor allem:
Villa Hakasalmi (F 4), Mannerheimintie 13, Tram 4, 7A, 10
Elegante Villa aus den 1840ern, Kunst- und Möbelsammlung, neben der Finlandia-Halle.
Sederholm-Haus (H 5), Aleksanterinkatu 16–18
Ältestes Steinhaus der Stadt mit wechselnden Spezialausstellungen zur Stadtgeschichte, direkt am Senatsplatz
Tram-Museum (E 3), Töölönkatu 51A, Tram 3T, 4, 7A, 10
In einem eindrucksvollen Tramdepot von 1900 werden originale Straßenbahnen, Einrichtungsgegenstände und Objekte des öffentlichen Nahverkehrs präsentiert.

Städtisches Kunstmuseum/ Helsingin kaupungin taidemuseo
Das Städtische Kunstmuseum hat zwei Standorte: Einmal in parkähnlicher Lage in Meilahti, nahe der Insel Seurasaari. Und zum andern in den beiden oberen Stockwerken des Tennispalatsi, einem funktionalistischen Bau der 1930er-Jahre. An beiden wird finnische oder internationale Kunst der Jetztzeit in Wechselausstellungen präsentiert.
Infos: www.taidemuseo.fi
Meilahti (B 1): Tamminiementie 6, Bus 24, Tel. 09 31 08 70 31, Di–So 11–18.30 Uhr, Erw. 7 €
Tennispalatsi (F 5): Salomonkatu 15, Tel. 09 31 08 70 01, Di–So 11–20.30 Uhr, Erw. 7 €

Suomenlinna-Museen (Sonderkarte)
Suomenlinna, 00190 Helsinki

Sehenswert

Tel. 09 684 18 80, www.suomenlinna.fi
Die Festungsinsel wirkt selbst wie ein einziges, riesiges Museum, hat aber zusätzlich mehrere Häuser mit unterschiedlichen Ausstellungsschwerpunkten. Längst nicht alle davon lohnen für Normaltouristen den Besuch (Zoll-Museum, Ehrensvärd-Museum, Küstenartillerie-Museum, Armfelt-Museum etc.), außerdem käme bei den hiesigen Eintrittspreisen eine hübsche Summe zusammen. Die Museen haben uneinheitliche Öffnungszeiten, die meisten sind von Ende August bis Mitte Mai geschlossen. Die interessantesten sind:
Suomenlinna-Museum, tgl. 10–18, Nach- und Nebensaison tgl. 10–16 Uhr, Erw. 5 €
Ganzjährig geöffneter, moderner Komplex, der sich an das Informationszentrum anschließt. Auf zwei Etagen wird die Geschichte der Festung multimedial aufbereitet, sehenswert der Film ›The Sveaborg Experience‹.
Spielzeugmuseum, tgl. 11–17 Uhr, Okt. bis März geschlossen, Erw. 5 €
Nette Sammlung von z. T. 150 Jahre altem Spielzeug, Puppen u. a., untergebracht in einer russischen Holzvilla nahe dem Fähranleger nach Katajanokka.
U-Boot Vesikko, tgl. 11–18 Uhr, Sept. bis Mitte Mai geschl., Erw. 4 €
Aufgedocktes, in Deutschland gebautes U-Boot, von Finnland im 2. Weltkrieg eingesetzt. Das Äußere ist ganzjährig frei zugänglich, für den Besuch des wirklich sehr engen Innenraums zahlt man einen hohen Eintritt.

Naturhistorisches Museum/ Luonnontieteellinen Keskus-museo (F 4)
Pohjoinen Rautatiekatu 13,
00100 Helsinki, Tel. 09 19 12 88 00
www.fmnh.helsinki.fi
Di–Fr 9–16, Do bis 18,
Sa, So 10–16 Uhr, Erw. 5 €
Tram 3T/3B
Hinter dem Reichstag platzierter, sehr schöner Bau mit einem großen Bronze-Elch, Sammlungen zu allen Themen der finnischen Naturgeschichte, auch für Kinder interessant. Inneres und Äußeres erstrahlen nach grundlegender Renovierung seit 2008 wieder in neuem Glanz.

Mannerheim-Museum/ Mannerheim-museo (H 6)
Kalliolinnantie 14, 00140 Helsinki
Tel. 09 63 54 43
www.mannerheim-museo.fi
Fr–So 11–16 Uhr, Erw. 8 €
Tram 3T/3B
Aus historischen Gründen kein unbedingtes Muss, auch wenn Freiherr C. G. E. Mannerheim (1867–1951), Marschall von Finnland und Staatspräsident, zu den wichtigsten Persönlichkeiten des Landes gehört. Aber die schöne Lage im Kaivopuisto Park sowie die zeittypisch eingerichtete Holzvilla selbst lohnen einen Besuch.

Museum für Finnische Architektur/Suomen Rakennustaiteen Museo (G 6)
Kasarmikatu 24, 00130 Helsinki
Tel. 09 85 67 51 00, www.mfa.fi
tgl. außer Mo 10–16, Mi bis 20 Uhr
Erw. 4 €, Fr freier Eintritt, Sonderausstellungen 6 €
Tram 10, Bus 17
Der großartige, dreistöckige Bau an der Kasarmikatu liegt nahe dem Design-Museum und stammt von 1899, die ausgestellten Exponate sind jünger. Museums-Schwerpunkt ist die Architektur des 20. Jh., aber der Bestand ist recht bescheiden – es hängt also davon ab, was in der jeweiligen Themen- bzw. Wechselausstellung gezeigt wird.

Sehenswert

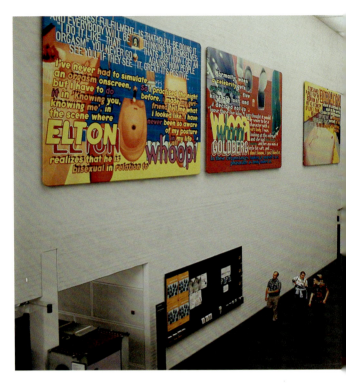

Alte Kabelfabrik/ Kaapelitehdas (D 6)
Tallberginkatu 1, 00130 Helsinki
Tel. 09 47 63 83 00
www.kaapelitehdas.fi
Tram 8, Busse 15, 20, 21, 65A, 66A, Metro: Ruoholahti
Das größte Kulturzentrum des Landes (S. 65) beherbergt u. a. Kunstschulen, acht Galerien und drei interessante Museen – genug für einen verregneten Tag (alle Di–So 11–18 Uhr):
Finnisches Museum für Fotografie (Erw. 6 €, www.fmp.fi)
Theater-Museum (Erw. 5 €, www.teatterimuseo.fi)
Hotel- und Restaurant-Museum (Erw. 2 €, www.hotellijaravintolamuseo.fi)

Designmuseum/ Designmuseo (G 6)
Korkeavuorenkatu 23, 00130 Helsinki
Tel. 09 622 05 40
www.designmuseum.fi
tgl. 11–18, Di bis 20 Uhr,
Nebensaison Mo geschl., Erw. 7 €
Tram 10, Bus 17
Das Museum, in einem Schulgebäude von 1894 untergebracht, liegt passend im Design-Distrikt, mit vielen Läden und Galerien in der Nähe. Die Bestände zeigen Design-Produkte nicht nur der Moderne, und natürlich sind hier alle großen finnischen Namen des Industrie- und Wohndesigns vertreten. Daneben gibt's Wechselausstellungen mit Objekten von Designern aus dem In- und Ausland.

Sehenswert

Moderne Kunst im Kiasma

Ateneum (G 5)
Kaivokatu 2, 00100 Helsinki
Tel. 09 17 33 64 01, www.ateneum.fi
Di, Fr 9–18, Mi–Do 9–20,
Sa–So 11–17 Uhr, Erw. 6,50 €
Tram 3T/3B, 6

Die finnische Nationalgalerie besitzt die größte Kunstsammlung des Landes, insbesondere finnische Werke ab 1700. Einen Schwerpunkt stellt das sog. ›Goldene Zeitalter‹ dar, mit programmatischen und bekannten Kunstwerken von Gallen-Kallela und anderen. Auch der Bestand ausländischer Werke verschiedener Epochen, u. a. Gemälde von Van Gogh und Gauguin, ist beachtlich. Das Ateneum findet man in einem frisch restaurierten, palastartigen Haus von 1887 am Bahnhofsplatz.

Highlight

Kiasma nykytaiteen museo (G 4)
Mannerheiminaukio 2, 00100 Helsinki
Tel. 09 17 33 65 01, www.kiasma.fi
Di 10–17, Mi–So 10–20.30 Uhr
Erw. 7 €
Tram 4, 7A, 7B, 10

Sofort hinter dem Marschall-Mannerheim-Denkmal gelegen, bildet das Museum für Gegenwartskunst mit seiner kühnen, teils geschwungenen Fassade einen beeindruckenden städtebaulichen Akzent. Es liegt ja auch an exponierter Stelle in Sichtweite zu Reichstag, Töölö-Bucht, Mannerheimintie und Hauptbahnhof – zentraler geht's nicht. Auch gegen die dahinter aufragende Glas- und Stahlkonstruktion des Verlagshauses Helsingin Sanomat kann sich Kiasma behaupten. Das 1998 eingeweihte Museum ist ein Werk des amerikanischen Stararchitekten Steven Holl – zum ersten Mal nach Engel zeichnete hier kein finnischer Architekt für ein repräsentatives Bauwerk in der Stadt verantwortlich. Kiasma beherbergt außer den Ausstellungsräumen u. a. ein Theater, Galerien, Café und Restaurant. Geboten wird internationale Kunst ab den 1960ern, insbesondere Installationen und Medienkunst. Die Innenräume mit ihren großen Glasflächen schließen die Stadt und ihre Bewohner nicht aus, auch in Diskussionsrunden wird Öffentlichkeit hergestellt. Kiasma lebt – mitten im Großstadtverkehr. Vor allem an lauen Abenden spielt sich hier viel ab – an jedem Wochenende z. B. Partys von Jugendlichen auf dem Grünstreifen und am Seeufer.

Sehenswert

Kunstmusem Sinebrychoff/ Sinebrychoffin taidemuseo (F 6)

Bulevardi 40, 00120 Helsinki
Tel. 09 17 33 64 60
www.sinebrychoffintaidemuseo.fi
Di, Fr 10–18, Mi–Do 10–20,
Sa–So 11–17 Uhr, Erw. 7,50 €
Tram 6

Die 1819 gegründeten Firma Sinebrychoff ist die älteste Brauerei des Landes, sie wurde ins Leben gerufen von einem Braumeister aus St. Petersburg. Das repräsentative Wohnhaus der Familie Sinebrychoff, von einem ausgedehnten Park umgeben, dient heute als Kunstmuseum mit einer beachtlichen Sammlung flämischer, italienischer und französischer Meister. Dazu kommt ein großer Bestand an russischen und karelischen Ikonen.

Villa Tamminiemi/Urho-Kekkonen-Museum (B 2)

Seurasaarentie 15, 00250 Helsinki
Tel. 09 40 50 96 50, www.nba.fi
tgl. 11–17 Uhr, in der Nebensaison
Mo und Di geschlossen
Erw. 5 €
Bus 24

Die große rosafarbene Villa nahe der Seurasaari-Insel spielte während der Regierungszeit von Urho Kekkonen (1956–81) eine bedeutende Rolle als offizielle Residenz des Präsidenten. Kekkonen, eine der auffälligsten Gestalten der internationalen Politik während des Kalten Krieges, lebte hier bis zu seinem Tod 1986. Die Villa Tamminiemi hält die Erinnerung an den ›großen alten Mann‹ der finnischen Politik wach. Sie zeigt die originale Einrichtung, Geschenke, die er als Präsident erhalten hat, und die Sauna, in der Breschnew, Willy Brandt und andere Staatsgäste mit Kekkonen schwitzten.

Familienattraktionen

Heureka (außerhalb)

Tikkurila, 01300 Vantaa
Tel. 09 857 99, www.heureka.fi
Mo–Mi, Fr 10–17, Do 10–20,
Sa–So 10–18 Uhr
Erw. 14,50 €, Kinder 9,50 €, mit Kino 19/12,50 €
Alle 20 Min. Nahverkehrszüge K, H, R und I ab Hauptbahnhof Helsinki, Buslinie 611 ab Helsinki-Zentrum

Das tollste Museum für technisch Interessierte liegt außerhalb in Vantaa, kann aber mit der S-Bahn in 15 Minuten direkt erreicht werden. Hier sollen große und kleine Besucher in über 100 technischen Experimenten aller Art nicht nur staunen, sondern auch selbst anfassen, probieren, experimentieren, entdecken, erkennen und erfinden. Kino und Planetarium, spannende High-Tech-Spiele oder seltene Souvenirs, nicht zuletzt auch die futuristische Architektur – all das macht Heureka zu einem lohnenden Ausflugsziel.

Annantalo (G 5)

Annankatu 30, 00100 Helsinki
Tel. 09 31 03 71 80, www.annantalo.fi
Mo–Fr 9–20, Sa, So 11–17 Uhr, in den Sommerferien geschlossen
Eintritt frei
Bus- und Metrostation: Kamppi

Das ›Anna-Haus‹ ist in einer ehemaligen Schule von 1886 im Stadtzentrum untergebracht und fungiert seit 1987 als Kunst- und Kulturzentrum für Kinder und Jugendliche. Das Angebot umfasst kindgerechte Ausstellungen sowie Tanz- und Theatervorführungen, die auch für fremdsprachige kleine Zuschauer spannend sind. Zu verschiedenen Terminen finden Familienevents statt, besonders populär ist die *Children's Night of the Arts* im August.

Sehenswert

Highlight

Linnanmäki (G 2)
schwed. Borgbacken
Tivolikuja 1, 00510 Helsinki
Tel. 09 38 56 77, www.linnanmaki.fi
Mitte Juni bis Mitte Aug. tgl. 11–22 Uhr, Ende April bis Mitte Juni und Mitte Aug. bis Mitte Sept. eingeschränkte Öffnungszeiten, Tram 3T/3B, Bus 23
Der Vergnügungspark Linnanmäki ist Helsinkis Gegenstück zum Kopenhagener Tivoli oder zum Stockholmer Gröna Lund. 1950 wurde der ›Burghügel‹ eröffnet, und viele Spielgeräte und Attraktionen stammen noch aus dieser Ära – mehrere Karrussels etwa, die Geisterbahn und die hölzerne Achterbahn. Nostalgische Erlebnisse für die ganze Familie also, mit Jubel, Trubel, Popcorn, Zuckerwatte, dem Variete-Theater und dem Clown ›Rolle‹. Auch Jugendlichen, die etwas mehr Tempo und Nervenkitzel möchten, wird einiges geboten. Der Eintritt zum Gelände und dem täglichen Unterhaltungsprogramm ist frei, Eintritt zahlt man pro Fahrgerät oder holt sich ein Armband (Erw. 33 €), das zum Eintritt in alle Geräte berechtigt.

Sea Life (G 2)
Tivolitie 10, 00510 Helsinki
Tel. 09 565 82 00, www.sealife.fi
tgl. 10–19 Uhr
Erw. 13,50 €, Kinder 9,50 €
Der Aquarienkomplex schließt sich direkt an den Vergnügungspark Linnanmäki an. Kleine und große Besucher können hier eintauchen in die Unterwasserwelt verschiedener Regionen, von tropischen Meeren mit Haien und Rochen über die kühleren Gewässer von Nord- und Ostsee bis hin zu den finnischen Seen. Besonders interessant während der Fütterungszeiten (12.30 und 14.30 Uhr). Das Sealife bietet auch interaktive Erlebnisse, Souvenirladen und Café.

Zoo Korkeasaari (K 4)
schwed. Högholmen
Korkeasaari, 00570 Helsinki
Tel. 09 169 59 69, www.hel.fi/zoo
tgl. 10–20, März bis April bis 18, Okt. bis Feb. bis 16 Uhr
Erw. 7 €, Kinder 4 €
Wasserbus ab Marktplatz oder Hakaniemi, Bus 11 bis Zoo-Eingang (im Winter nur an Wochenenden)
Der ganzjährig geöffnete Tiergarten nimmt eine ganze Insel ein, die mit drei weiteren Inseln durch Brücken verbunden ist. Kommt man mit Bus oder Pkw an, liegt ein Fußmarsch ab der Nachbarinsel Mustikkamaa an, mit der Metro ist es noch etwas länger. Am schönsten ist die kurze Reise per Wasserbus. Der Inselzoo selbst präsentiert Tiere aus dem Norden, der Arktis und aus aller Welt in herkömmlicher Weise.

Gärten und Parks

Helsinki ist eine grüne Stadt. Dazu tragen die vielen Inseln, Wälder und Naturschutzgebiete an der Peripherie bei, genauso aber auch die Parks und Grünanlagen im Zentrum. Damit sich daran in Zukunft nichts ändert, sollen immer mindestens 30 % des städtischen Areals unbebaut bleiben. Von der Bevölkerung werden die Gärten und Parks zu jeder Jahreszeit genutzt: Hier drehen Jogger ihre Runden, hier breitet man in der warmen Jahreszeit Decken zum Sonnenbaden aus, baut Grillgeräte auf und feiert Partys. Im Herbst gehören die Parks den Spaziergängern und im Winter sieht man Kinder mit Schlitten die verschneiten Hügel runtersausen.

Sehenswert

Alppipuisto-Park (F/G 2)
Tram 3T/3B
Der Alppipuisto grenzt nördlich an den Vergnügungspark Linnanmäki an. Er bietet eine friedliche Atmosphäre, ein hügeliges Terrain, Teiche und Seen, verschwiegene Ecken und ein reichhaltiges Tierleben. Perfekt für ein sommerliches Picknick – und andere Touristen sieht man hier kaum.

Kaisaniemi-Park/ Botanischer Garten (G 4)
Alle Tram-Linien,
Metro: Kaisaniemi
Der älteste Park der Stadt und absolut zentral gelegen. Nur einen Steinwurf vom Bahnhof entfernt, findet man hier große Rasenflächen, Springbrunnen, Skulpturen, einen alten Baumbestand und jede Menge Möglichkeiten zur sportlichen Aktivität. Teil des Parks ist der schöne und ganzjährig zugängliche Botanische Garten der Universität. Er wurde in den 1830er-Jahren angelegt und hat auch Gewächshäuser mit tropischen Pflanzen. Eine Fußgängerbrücke über die Bahngeleise schafft eine Verbindung zum Park um die Töölö-Bucht (s. S. 99).

Highlight 10

Kaivopuisto (H 7)
schwed. Brunnsparken
Tram 1, 1A, 3T/3B
Kaivopuisto ist einerseits der Name für ein großzügiges und grünes Diplomaten- und Villenviertel, andererseits für den sich daran anschließenden Park, einer der größten und wohl auch der schönste der Stadt. Uralte Baumbestände wechseln sich mit weitläufigen Rasenflächen ab, gewachsener Fels kontrastiert mit dem Blau der Ostsee, die man an vielen Stellen sieht. Einwohner und Besucher nutzen die Picknick-Stellen, die Spielplätze und Open-Air-Bühnen, die Restaurants und Sommerterrassen. Orientieren kann man sich am **Observatorium Ursa,** das die höchste Stelle besetzt hält, oder auch an der ›Großen Allee‹ **Iso Puistotie,** die schnurgerade auf das Meer zuführt. Dort setzt sich das schöne Bild in Parkanlagen mit Uferpromenaden und Bootsanlegern fort. Immer wieder genießt man den Blick aufs Meer, die Schären und Suomenlinna.

Keskuspuisto (E 1)
schwed. Centralparken
Tram 4/4T, 10
Der stark bewaldete, 10 km^2 große ›Zentralpark‹ schließt sich an die Töölö-Bucht an und erstreckt sich weit nach Norden bis zur Stadtgrenze. Im südlichen Teil gibt es mehr Wanderwege und Infotafeln. Der nördliche Teil, durch den sich auch der Fluss **Vaanta** schlängelt, heißt **Haltiala** und stellt das größte zusammenhängende Naherholungsgebiet Helsinkis dar. Im Sommer bevölkern Jogger den Zentralpark, im Winter die Ski-Langläufer.

Sibelius-Park (E 3)
Bus 24
Der Sibelius-Park ist nicht der einzige an der westlichen Küste, aber wegen des **Sibelius-Monuments** (s. S. 116) der von Touristen meistbesuchte. Ein lockerer Baumbestand, vereinzelte Granitbuckel, Rasenflächen und eine schöne Uferszenerie mit Yachthafen und Ostsee-Blick machen seinen Reiz aus. Im Süden findet er seine Fortsetzung im Uferpark des **Hietaniemi-Strandes,** den Anlagen am **Lapinlahti-Krankenhaus,** den Friedhöfen und dem **Sinebrychoff-Park.** Und zum Norden

Sehenswert

hin kann man ebenfalls durch Parks stets in Wassernähe bis zum **Freilichtmuseum von Seurasaari** (s. S. 100) wandern.

Tähtitorninvuori (H 6)
Tram 1/1A, 3T/3B
Der Park auf dem **Observatoriumsberg,** einer der ältesten der Stadt, ist nur zehn Gehminuten vom Marktplatz entfernt. Er bietet hohe Bäume, Denkmäler und Parkbänke, auch interessante Gebäude wie die **Deutsche Kirche** und das von C. L. Engel entworfene Observatorium (1833). Die hohe Lage ermöglicht eine wunderschöne Aussicht auf die Stadt, den Hafen und die vorgelagerten Inselchen, und abends kann man hier die Manöver der Riesenfähren nach Tallinn, Mariehamn und Stockholm beobachten. Am besten ist die Sicht von der Terrasse oberhalb des Olympiakais, hinter dem Denkmal für die Schiffbrüchigen. Toll auch der Blick auf die Halbinsel Katajanokka, die in der Abendsonne in einem einzigartigen Licht erstrahlt.

Töölönlahti (F/G 3)
Tram 4, 4T, 10
Rund um die Töölö-Bucht erstreckt sich ein Park, dessen schilfbestandene Ufer und alte Holzvillen in starkem Kontrast zu modernen Bauwerken wie Finlandia-Halle und Nationaloper stehen. Ideal für eine entspannende Wanderung oder Fahrradtour.

Inseln und Schären

Helsinki, die ›Tochter der Ostsee‹, ist ein Gebilde aus Land und Meer, umgeben von einem ganzen Kranz aus Inseln. 315 sind es im Stadtgebiet, und da sind nur die größeren mitgezählt. Will man einen Überblick über diese einzigartige Welt bekommen, sollte man an einer der Bootsrundfahrten teilnehmen. Die starten meist am Marktplatz, und man hat die Qual der Wahl zwischen Schnellboot und Segelschiff, historischem Raddampfer oder modernem Ausflugsboot, einstündiger oder ganztägiger Exkursion. Bis nach Porvoo im Osten oder Hanko im Westen gehen diese Touren, aber fürs Erste wird es wohl reichen, sich in unmittelbarer Nähe Helsinkis umzuschauen.

Harakka (H 8)
schwed. Stora Räntan
Im Sommer alle 30 Minuten Fährverbindung ab der Ehrenströmintie am Ende des Koivopuisto-Parks.
Harakka ist ein überschaubares Fleckchen Erde, das von Künstlern bewohnt wird und ansonsten mit üppigem Pflanzenwuchs sowie einer artenreichen Vogelwelt aufwartet. Die nur einen Steinwurf vom urbanen Zentrum entfernte Insel ist recht stark frequentiert, zumal man dort einen Naturpfad, ein Freilichttheater und ständige Ausstellungen über Umwelt und Naturschutz eingerichtet hat.

Pihlajasaari
schwed. Rönnskär
Fährverbindung ab der Merisatamanranta (neben dem Café Carussell) jede Stunde, bei Badewetter alle 30 Minuten, ab Ruoholahti jede Stunde,
5 € Hin- und Rückfahrt
Die südlich des Westhafens gelegene Schäre ist ein wenig weiter entfernt, dank der guten Motorbootverbindungen aber sowohl organisatorisch als auch zeitlich bequem in einen Helsinki-Besuch zu integrieren. Pihlajasaari ist ein Erholungspark mit Granitklippen, sandigen Badebuchten und sauberem

Sehenswert

Schärenidylle an der Bucht von Helsinki

Wasser – an einem warmen Sommertag also ein wunderbarer Kontrast zur Stadtbesichtigung! Es gibt einen Kiosk, ein Café und Umkleidekabinen – und auch einen FKK-Strandabschnitt.

Seurasaari (B/C 2–4)
schwed. Fölisön
00250 Helsinki
Tel. 09 40 50 96 60
www.seurasaari.fi
Freilichtmuseum: Anfang Juni bis Ende Aug. tgl. 11–17, Mitte bis Ende Mai und Anfang bis Mitte Sept. Mo–Fr 9–15, Sa–So 11–17 Uhr, Erw. 6 €
Bus 24 vom Zentrum
Die Insel liegt 5 km nordwestlich des Stadtzentrums in der gleichnamigen Bucht und ist durch eine Holzbrücke mit dem Festland verbunden. Radfahrer und ausdauernde Spaziergänger können sie nicht verfehlen, wenn sie sich ab dem **Sibelius-Park** (s. S. 98) immer am Ufer orientieren. Seurasaaris Hauptattraktion ist das Freilichtmuseum mit typischen Beispielen finnischer Baukunst und Wohnkultur. Hier sieht man Holzkirchen und Bauernhöfe, Fischerkaten und Arbeiterwohnungen – komplett erhalten und aus allen Landesteilen hierhin gebracht. Auf dem Gelände gibt es mehrere Restaurants, Cafés und Kioske, in denen noch die Stimmung der Jahrhundertwende konserviert ist. Den Hauptstädtern dient Seurasaari auch als Erholungspark und Ausflugsziel für Badegäste (FKK-Strand), Spaziergänger, Skiläufer und Schlittenfahrer. Außerdem finden hier Konzerte und Brauchtumsfeste statt.

Sehenswert

Highlight

Suomenlinna (Sonderkarte)
schwed. Sveaborg
Tel. 09 684 18 80, www.suomenlinna.fi
Unterschiedliche Wasserbusse und Fähren ab dem Marktplatz, Überfahrten in beide Richtungen spätestens ab 8 Uhr, letzte Verbindung frühestens um 23 Uhr
Infos, Buchungen und Bestellung von Guides am Kauppatori-Info-Kiosk oder unter Tel. 09 684 18 50. Die einzelnen Museen sind i. d. R. Mai bis Sept. tgl. 10–17 Uhr geöffnet.

1748 gegründet als schwedisches Bollwerk gegen ein russisches Helsinki, 1809 belagert und erobert von den Russen, im Krimkrieg 1855 von einer französisch-britischen Flotte in Schutt und Asche bombardiert – Kanonen, Kasernen und Kasematten prägen den ersten Teil der Geschichte Suomenlinnas. Die letzte Garnison verließ 1978 die Insel, die Spuren der martialischen Vergangenheit sind aber noch überall zu spüren und – als UNESCO-Kulturerbe – hautnah zu besichtigen. Heute aber trägt Suomenlinna, die ›Burg der Finnen‹, das Kriegerische nur noch im Namen. Künstler haben die Kämpfer abgelöst. Die Kultur hat mit dem **Nordischen Kulturzentrum**, Galerien, Museen und einem **Sommertheater** die Insel befriedet. Bis zu tausend Menschen leben hier ständig, auch die nötige Infrastruktur wie Supermarkt und Grundschule ist vorhanden. Verbrennungsmotoren sind aber verpönt: Fußgänger, Fahrräder und Elektroautos bestimmen das Straßenbild. Suomenlinna ist das Naherholungsgebiet der Hauptstadt – nutzen Sie die kurze Überfahrt zu einem Blick auf Helsinki aus der Wasserperspektive. Cafés gibt es einige und selbst Feinschmecker kommen im **Kasemattenrestaurant Walhalla**, am südlichen Ende der Insel, von 20–24 Uhr auf ihre Kosten. Keine Sorge: Es gibt noch eine Fähre nach dem Drei-Gänge-Menü.

Tervasaari (J 4)
schwed. Tjärholmem
Die ›Teerinsel‹ ist durch einen Damm mit dem Festland verbunden und vom Zentrum aus über die breite Uferallee Pohjoisranta auch zu Fuß zu erreichen. Auf dem Inselchen hatten im 16. Jh. Händler ihre Teerlager, heute gibt es hier einen hübschen Park mit einem populären Restaurant. Allein schon die Aussicht auf das rege Treiben des Yachthafens, auf die Katajanokka-Halbinsel, die Innenstadt und die Zooinsel Korkeasaari ist den Abstecher wert.

Mittsommer auf Seurasaari

Mittsommer markiert überall in Skandinavien den Höhepunkt des Festkalenders, das ist in Finnland nicht anders. Hier feiert man sogar ein ›Nationales Mittsommernachtsfest‹ (s. S. 72), und zwar auf der Insel Seurasaari. Zu den hiesigen Johannisbräuchen gehören Volkstanz und -musik, die ›Hochzeit des Johannispaares‹ und das riesige Johannisfeuer. Klar, dass in der hellsten Nacht des Jahres viel getrunken, gelacht und getanzt wird. Wer an diesem größten Familienfest des Landes teilnehmen möchte, sollte sich an der Info-Stelle neben der Brücke Karten besorgen, möglichst schon im Vorverkauf (Seurasaari, 18–1 Uhr, Erw. 13 €, Kinder frei).

Ausflüge

In den Schären bei Porvoo

Espoo (schwed. Esbo)

Das sich westlich an Helsinki anschließende Espoo ist mit ca. 228 000 Einwohnern die zweitgrößte finnische Stadt und spielt eine bedeutende Rolle als Kongress-, Wissenschafts- und Forschungszentrum. Wegen einiger hundert Firmen der EDV- und Telekommunikationsbranche nennt man die Gemeinde auch ›finnisches Silicon Valley‹. Die Sehenswürdigkeiten und Ausflugsziele sind gerecht auf alle fünf Stadtteile verteilt, liegen aber ziemlich weit auseinander. Im Zentrum (Espoon Keskus) etwa ist die Feldsteinkirche aus dem 15. Jh. sehenswert, die Espoon kirkko (Kirkkopuisto 5, tgl. 10–18 Uhr).

Näher zu Helsinki liegt der Stadtteil **Tapiola** (schwed. Hagalund), die sog. ›Gartenstadt‹. Einige der namhaftesten finnischen Architekten der Zeit haben in Tapiola und im benachbarten **Otaniemi** (schwed. Otnäs) seit den 1950ern beispielhafte Satellitenstädte entworfen, die immer noch Architekturfans aus aller Welt hierhin locken.

Außer diesen Highlights macht die z. T. noch unberührte Natur Espoo zum Ausflugsziel. Immerhin liegen innerhalb der Gemeindegrenzen 165 Inseln, 95 Binnenseen, tiefe Wälder und eine Ostseeküste von 58 km Länge. Die schönste Möglichkeit, diese Gegend kennenzulernen, bieten die regelmäßigen Bootsverbindungen von Tapiola nach Espoonlahti.

 Itätuulenkuja 11, Tapiola, 02100 Espoo, Tel. 09 81 64 72 30, www.espoo.fi

 Espoo ist durch zahlreiche **Buslinien** und **Vorortzüge** mit Helsinki-Zentrum verbunden. Preiswertes Reisen im Großraum ermöglicht die Helsinki Region Travel Card (1, 3 oder 5 Tage, gültig für Busse, Bahnen und Metro), die Helsinki Card allerdings gilt in Espoo nicht!

Hanko (schwed. Hangö)

Bis 2007 wurde Hanko vor allem von deutschen Touristen als Tor nach Finnland genutzt. Die Direkt-Fährverbindung ab Rostock führt nun nach Helsinki und nicht mehr nach Hanko, doch der mehrheitlich schwedischsprachige Ort ist auch so noch einen Abstecher wert. Er ist mit einem überdurchschnittlich guten Klima gesegnet, hat ein breit gefächertes Sportangebot und fast 400 Veranstaltungen pro Saison. Und von den 130 km Küstenlinie bestehen immerhin 30 km aus feinsandi-

Ausflüge

gen Stränden – beste Bedingungen also auch für Wasserratten. Solchermaßen bevorzugt, gilt Hanko als die finnische Sommerstadt schlechthin, und das schon seit Langem. Denn bereits zur Zarenzeit hatte sich die Gemeinde zu einem beim russischen Adel beliebten Seebad gemausert. Die lutherische und die orthodoxe Kirche stammen noch aus jener Ära, ebenso das hölzerne Casino und so manche herrschaftliche Villa.

Ein Zentrum der sommerlichen Aktivitäten ist der **Osthafen** mit seinen zwei Marinas, Restaurants, Cafés, modernsten Serviceeinrichtungen und abendlichem Entertainment der größte und bestausgerüstete des Landes. Anfang Juli ist der Trubel besonders groß, dann nämlich findet hier die international besetzte und weithin bekannte Segelregatta statt.

Mehrere Parkanlagen, interessante Museen und verschiedene Denkmäler laden zum Bummeln und Erkunden ein. Naturgenuss versprechen Wanderungen über die bewaldete **Halbinsel Puistovuoret,** Spaziergänge zu Buchten und Stränden oder Bootsausflüge in die Zauberwelt des Schärengartens.

 Bulevardi 10, 10901 Hanko, Tel. 019 220 34 11, www.hanko.fi

 Bus ab Helsinki Zentrum, **Eisenbahn** auf einer Nebenstrecke via Karis und Tammisaari.

Highlight

Porvoo (schwed. Borgå)

Porvoos malerische rote Speicherhäuser kennt man aus vielen Werbebroschüren, wo sie fast schon als Wahrzeichen Finnlands dienen. Und tatsächlich kann man sich kaum einen gemütlicheren Platz denken als diese Kleinstadtidylle, die nur 50 km von der modernen Hauptstadt entfernt liegt. Auf steilen Gassen mit groben Feldsteinen, auf denen das Wandern manchmal zur Qual wird, durchstreifen Besucher diese Puppenstube und freuen sich, dass

Wildnistour nach Nuuksio

Das schönste Stück Natur in der Nähe von Helsinki liegt im Norden der Nachbargemeinde Espoo: Nuuksio (schwed. Noux), der jüngste Nationalpark des Landes. Nur einen Katzensprung von der Hauptstadt entfernt kann man hier eine unberührte Seen- und Hügellandschaft erleben, die auch Heimat einer artenreichen Tierwelt ist. Mit etwas Glück sichtet man Flughörnchen, Bären, Luchse, Haselhühner, Spechte und Eulen. Je nach Jahreszeit kann man Beeren und Pilze sammeln, in den fischreichen Gewässern Forellen, Hechte und Barsche angeln und in der kalten Jahreszeit alle Arten von Wintersport betreiben.

Am besten kommt man mit dem Mietwagen bis zum Parkplatz des 28 km² großen Nationalparks, ab dem viele Wanderwege unterschiedlicher Länge markiert sind. Mehrere Veranstalter in Helsinki bieten aber auch Wildnistouren per Mountainbike, Kanu oder Pferd an, ›Helsinkiexpert‹ in der Saison zweimal wöchentlich einen 4-Stunden-Trip nach Nuuksio mit geführter Wanderung.

Ausflüge

es sowas noch gibt – die niedrigen Holzhäuschen, die romantischen Winkel und die urigen Handwerksstätten. Wo man früher Salz und andere Kolonialwaren lagerte, locken heute hübsche Cafés, witzige Boutiquen und schnuckelige Lädchen Touristen an, die zur Hauptsaison auch reichlich strömen. Porvoo ist aber nicht nur nett, sondern auch geschichtsträchtig – als immerhin zweitälteste Stadt des Landes. Davon zeugen u.a. die sehenswerte Kathedrale, in der 1809 Zar Alexander I. den ersten finnischen Landtag einberief, und das hölzerne, rostrote Rathaus aus dem 18. Jh. Mit dem Überlandbus oder auf einem geführten Ausflug kann man Porvoo an einem halben Tag gut kennen lernen. Am schönsten aber ist es, wenn man wenigstens eine Strecke mit der M/S J. L. Runeberg zurücklegt, einem Dampfschiff von 1912, das auf seinem Weg auch den herrlichen Schärengarten durchquert.

City Tourist Office, Rihhamakatu 4, Tel. 019 520 23 16, www.porvoo.fi

 Per **Überlandbus** mehrmals tgl. Verbindungen u.a. nach Helsinki, als geführter Halbtagesausflug per Bus u.a. von Helsinkiexpert (4 Std. 49 €)

Tallinn

Tallinn, das alte Reval, gilt zu Recht als eine der schönsten Städte des Baltikums. Und dass es ein lohnendes und oft frequentiertes Ausflugsziel ist, merkt man an den vielen Reiseangeboten, die einen in Helsinki an jeder Straßenecke anlachen – ob mit Fähre, Katamaran oder Helikopter, ob mit oder ohne Führung, ob mit oder ohne Übernachtung. Schließlich liegt die estnische Hauptstadt direkt gegenüber an der Südküste des Finnischen Meerbusens, und schließlich machen für Finnen allein die Alkoholpreise den Trip schon interessant. Der Abstecher ins EU-Land Estland ist heutzutage überhaupt kein organisatorischer Aufwand mehr, ein Personalausweis genügt. Und mehrmals stündlich startet in Helsinki irgendeine Fähre nach Tallinn. Auf beiden Seiten sind die Anlegestellen in Gehweite zum jeweiligen Zentrum, sodass man noch nicht mal einen Taxi- oder Bustransfer braucht. Vom Hafen gelangt man in wenigen Minuten in die mauerumgürtete **Unterstadt**. Ihr Zentrum ist der Rathausplatz, der von pittoresken Häusern aus verschiedenen Epochen flankiert wird. Gleichzeitig ist er Schaubühne für Touristen und Einheimische, gibt es hier jede Menge Cafés und Kneipen. Nur einen Steinwurf vom Mittelalter-Rathaus entfernt liegen mächtige Kirchen und Gildehäuser, die von Macht und Reichtum der ehemaligen Hansestadt erzählen – die schönsten Exemplare befinden sich an der Straße Pikk, die direkt zum Hafen führt. Sie beherbergen heute Caféhäuser, Boutiquen und trendige Bars, manche sind auch zu romantischen Hotels umgebaut worden. Zur anderen Seite hin gelangt man vom Rathausplatz durch ein mächtiges Stadttor und eine schmale, steil ansteigende Gasse zum **Domberg.** Er wird von mehreren auffälligen Gebäuden bekrönt – u.a. der russisch-orthodoxen Kathedrale, dem Schloss, dem Rundturm ›Langer Hermann‹ und der Domkirche. Bevor man zum Hafen zurückkehrt, sollte man unbedingt von den Aussichtspunkten des Dombergs das Panorama über die quirlige Unterstadt bis hin zur Tallinner Bucht genießen.

Ausflüge

 Tourist-Information Tallinn,
Niguliste 2/Kullassepa 4
10146 Tallinn
Tel. 372 645 77 77
www.tourism.tallinn.ee

 3,5 Std. mit der **Fähre** (Hin- und Rückfahrt ab 34 €),
1 Std. 40 Min. mit dem **Katamaran** (ab 39 €), 1,5 Std. mit dem **Tragflügelboot** (ab 41 €), 18 Min. mit dem **Helicopter** (ab 188 €).

Tarvaspää

Das kleine Tarvaspää liegt schön an einer Meeresbucht und ist ein beliebtes Ausflugsziel wegen des **Gallen-Kallela-Museums** (im Sommer tgl. 10–18, im Winter Di–Sa 10–16, So 10–17 Uhr). Der wohl berühmteste finnische Künstler und Interpret des Nationalepos »Kalevala« genoss schon zu Lebzeiten höchste Anerkennung und konnte es sich leisten, vor den Toren von Helsinki ein Künstlerdomizil errichten zu lassen. Die schlossartige Jugendstilvilla samt originaler Einrichtung wurde von ihm selbst als Wohn- und Atelierhaus geplant und 1913 fertig gestellt.

Akseli Gallen-Kallela (1865–1931) hatte einen großen Freundeskreis, zu dem u. a. Maxim Gorkij, Gustav Mahler, Edvard Munch, Jean Sibelius und August Strindberg gehörten. Erinnerungsstücke an diese Kontakte sind im Museum ausgestellt.

 www.gallen-kallela.fi

 S-Bahn Linie 4 nach Munkkiniemi, ab dort 2 km Fußweg (ausgeschildert) oder mit Buslinien 206, 212, 213, 512.

Vantaa (schwed. Vanda)

Das nördlich von Helsinki gelegene Vantaa lernen die meisten Besucher wegen des internationalen **Flughafens** kennen. Er ist nicht nur der größte des Landes, sondern versteht sich auch als Schaufenster für finnische Architektur und Innenarchitektur zur Welt. Ganz in der Nähe des Airports beherbergt das Luftfahrtmuseum eine beachtliche Sammlung von älteren und neueren Flugzeugen.

Ansonsten lohnt sich ein Besuch der Stadt, die mit über 190 000 Einwohnern immerhin die viertgrößte Finnlands ist, insbesondere wegen des Wissenschaftszentrums **Heureka** (S. 96).

 Vantaa City Tourist Office,
Ratatie 7, 01300 Vantaa,
Tel. 09 83 92 31 34,
www.vantaa.fi

Schärenkreuzfahrt mit Lunchbuffet

Östlich der Bucht Kruunuvuorenselkä, jenseits von Suomenlinna, liegen viele Schären und die bewaldete Insel Villinki. Diesen schönen Flecken Erde kann man ganz relaxed an Bord des Ausflugsbootes ›Doris‹ kennen lernen, das in der Saison tgl. 11.30 und 14 (außer Mo) vor der Alten Markthalle (S. 87) startet. Auf dem 1,5-stündigen Trip sieht man viel von der labyrinthartigen Wasserlandschaft, außerdem bietet die Schiffsküche ein ›Schärenbuffet‹ mit Salaten, Fisch- und Fleischgerichten an. Auskünfte bei Iha-Lines, Tel. 09 68 74 50 50, www.ihalines.fi.

Extra-

Fünf Entdeckungstouren durch Helsinki
1. Wo Russland noch zu spüren ist – Vom Marktplatz Kauppatori über die Katajanokka-Halbinsel zum Senatsplatz
2. Viel Grün, viel Wasser, viel Jugendstil – Zwischen Alter Markthalle und dem Stadtteil Eira

Alle Touren sind auf dem großen Faltplan eingezeichnet

Touren

3. Wechselnde Perspektiven – Rund um die Töölö-Bucht
4. Esplanade und Design-Distrikt – Shopping und Sightseeing im Herzen Helsinkis
5. Volkskunst und Moderne – Spaziergang zwischen zwei Welten: vom Reichstag zur Insel Seurasaari

Tour 1

Uspenski-Kathedrale und russisch inspirierter Klassizismus

Wo Russland noch zu spüren ist

Die Tour im Herzen der Stadt führt entlang aussichtsreicher Straßen und Plätze zu Schauplätzen der russischen Vergangenheit. Dass vieles dabei seltsam bekannt vorkommt, liegt bestimmt auch daran, dass Filme wie »Gorky Park« nicht in Russland, sondern hier gedreht worden sind. Ein guter Startpunkt ist der **Marktplatz Kauppatori** (s. S. 87), in dessen Mitte sich der sog. **Stein der Zarin** erhebt. Der Obelisk, übrigens das erste öffentliche Denkmal in Helsinki, wird vom russischen Doppeladler bekrönt. Es erinnert an den Besuch des Zaren Nikolaus I. und seiner Gattin Alexandra im Jahre 1833.

Die Halbinsel Katajanokka

Vom Markt aus überquert man den Kanal aus den 1840ern, der die ehemalige Halbinsel Katajanokka (schwed. Skatudden) eigentlich zur Insel macht. Im Zentrum der Halbinsel öffnet sich ein prächtiger Platz, der **Merisotitaantori**, der früher für Paraden genutzt wurde. Im Süden wird er vom ehemaligen **Lazarett** der Marinekaserne begrenzt, rechts und links flankiert von großen **Kasernen** für Matrosen und Soldaten, die 1820 auf den blanken Fels gesetzt wurden. Auch diese Gebäude zeichnete Engel, und es ist klar, welches Vorbild er vor Augen hatte: St. Petersburg. Bei den Unruhen und Revolutionen von 1906 und 1917 wurde hier blutige Geschichte geschrieben. Heute ist in den Gemäuern das **Außenministerium** untergebracht.

Am nördlichen Ufer der Halbinsel liegen im Sommer die **Eisbrecher** vertäut, die in der kalten Jahreszeit den Schiffsverkehr im Finnischen und Bottnischen Meerbusen ermöglichen. Weiter westlich führt die Laivastokatu zum **Katajanokka Kasino,** einem ehemaligen Lagerhaus, das 1911 sein heutiges Aussehen als Kasino für die Seeoffiziere der Russischen Kaiserlichen Flotte erhielt. Während der Märzrevolution 1917 wurden im Festsaal die Offiziere von den aufständischen Soldaten hingerichtet, kurze Zeit später wehte vom Dach die schwarze Fahne der Anarchisten. Heute beherbergt das Kasino ein beliebtes Restaurant mit Terrassencafé. In dem idyllischen Viertel dahinter sieht man mehrere restaurierte Hafenmagazine, vor denen nun die Fackeln edler Restaurants brennen.

Darüber erhebt sich die **Uspenski-Kathedrale** (s.S. 91), immerhin die größte russisch-orthodoxe Kirche Nordeuropas. Ein besonderes Erlebnis ist es, hier einem Gottesdienst nach orthodoxem Ritual beizuwohnen, der in der al-

Tour 1

ten kirchenslawischen Sprache zelebriert wird. Und von der Terrasse der Kathedrale hat man einen schönen Blick über das alte Hafenmagazin auf den Nordhafen und nach Westen auf das historische Zentrum.

Bevor Sie die Halbinsel verlassen, können Sie sich auf der Rahapajankatu 3, nur wenige Schritte von der Kathedale enfernt, auch kulinarisch mit dem Thema Russland befassen. Das **Restaurant Bellevue** (s. S. 49), noch in zaristischer Zeit gegründet (1917), ist die älteste russische Gaststätte in Finnland.

Zu Helsinkis schönstem Platz

Wieder auf dem ›Festland‹, führt der Weg rechts an der Hauptwache vorbei zur Aleksanterinkatu. Rechter Hand sieht man ein Zoll- und Packhaus von 1765 – nur ein Gebäude im Stadtzentrum ist älter. Schräg gegenüber versteckt sich hinter einem kleinen Park das neugotische **Ritterhaus**. In russischer Zeit war es die Versammlungsstätte des Adels – heute werden hier Kammerkonzerte gegeben. Weiter auf der Aleksanterinkatu passiert man zur Linken die dunkle Residenz des Stadtdirektors, das Konzerthaus ›Weißer Saal‹ und das geduckte **Sederholm-Haus** – mit dem Baudatum 1757 das älteste Helsinkis. Achten Sie über manchen dieser Behörden-Eingänge auf die witzigen Metallvögel – in ihnen stecken Überwachungskameras …

Und dann öffnet sich der **Senatsplatz** (s. S. 85), der wirklich einzigartig und unverwechselbar ist, beherrscht von der hoch aufragenden weißen **Domkirche** (s. S. 91) im Norden, flankiert vom **Regierungspalais** (s. S. 88) zur Rechten sowie dem Hauptgebäude der Universität zur Linken. In der Mitte des Platzes steht Zar Alexander II., umgeben von Frauengestalten, die Gesetz, Frieden, Licht und Arbeit symbolisieren.

Geht man rechts am Komplex der Domkirche vorbei, passiert man das erste Posthaus der Stadt und erreicht die **Kirkkokatu** mit dem Staatsarchiv, dem Ständehaus und der Bank von Finnland. Diese ›Rückseite‹ des Senatsplatzes ist einfach wunderschön, ein Idealbild neoklassizistischer Architektur.

Orthodoxes zum Schluss

Zum Ausklang der Tour nochmals russische Kultur. Da steht z. B. hinter der lutherischen Domkirche in einem verschwiegenen Park die kleine **Heilige Dreieinigkeitskirche** – die älteste erhaltene orthodoxe Kirche in Finnland. Geht man jetzt auf der Unionkatu weiter bis zur Liisankatu, sieht man rechts eine Zwiebelkuppel über einem fünfstöckigen Gebäude: 1905 errichtet, beherbergt es das Pfarrhaus und eine Kapelle der orthodoxen Gemeinde. Im Requisitengeschäft nebenan bekommt man Heiligenbilder, Literatur oder Postkarten zum Thema. Trotz aller Hektik moderner Zeit – hier ist wirklich noch das alte Russland zu spüren.

Tour-Info

Dauer: mit Besichtigungen ca. 3 Std.
Länge: gut 4 km
Beste Zeiten: vormittags – wegen des Marktes und der Aussicht von der Uspenski-Kathedrale
Verkehr: Marktplatz und Senatsplatz sind absolut zentral, fast alle Tram-Linien halten hier
Einkehren: zum Start ein Kaffee an einem Marktstand, mittags in eins der vielen Cafés nahe dem Senatsplatz

Schiffbrüchigen-Denkmal vor dem Olympia-Terminal

Tour 2

Viel Grün, viel Wasser, viel Jugendstil

Die besondere Faszination Helsinkis liegt in der Kombination unterschiedlichster Aspekte: die einzigartige Lage, umgeben von Meer und Schärengürtel, die Vielzahl wunderbar erhaltener Bauwerke aus Klassizismus und Jugendstil, die Vielzahl an Grünflächen, verbunden mit dem Flair einer modernen Großstadt – sie formen dieses lebendige Bild von Wasser, Natur und Architektur, den Themen dieses Rundgangs.

Am Nabel der Stadt

Wir beginnen am **Hafen,** dem wahren Nabel der Stadt, mit der Uspenski-Kathedrale im Hintergrund und gerahmt von den Wegmarken des Steins der Zarin und dem Havis Amanda-Brunnen. Gegenüber der Alten Markthalle am Kauppatori (s. S. 87) liegt das **Sundman-Haus:** Eine Kaufmanns-Residenz den 1730er-Jahren, deren Ausdehnung eher an einen Wohnblock als an ein Haus erinnert. Heute sind hier Geschäfte und Restaurants untergebracht. Am südlichen Ende der Eteläranta steht zur Linken die **Deutsche Kirche** der Deutschen Gemeinde Helsinkis, ein Ort, um sich in der Hauptstadt das Ja-Wort zu geben. Rechts befindet sich mit dem Denkmal für die Schiffbrüchigen der ›Habsburg‹ eins von drei Monumenten, die sich auf diesem Rundgang dem Untergang von Schiffen widmen: Man muss wohl einer Seefahrernation angehören, um dies im Angesicht des regen Schiffsverkehrs im Hafenbecken nicht bedenklich zu finden.

Im Grüngürtel

Hinter der Deutschen Kirche geht es hinauf in den Observatoriumspark. Hinter dem zweiten Schiffbruch-Denkmal eröffnet sich ein schöner Blick auf das **Olympia-Terminal,** Ankerplatz riesiger Fähren, die Helsinki in Rekordzeit mit Tallin und Stockholm verbinden. Nun geht es die Ullankatu hinunter, an deren Ende sich rechts die **St. Henriks-Kirche** (1860) erhebt, eine der wenigen Kirchen der römisch-katholischen Christen, die mit nicht mal zehntausend Mitgliedern in Finnland eine Minderheit darstellen. Zur Linken findet sich ein weiterer Bau von Eliel Saarinen, der **Marmorpalast** (1916), heute Sitz des finnischen Arbeitsgerichts.

Von Helsinkis schönstem Park zum Wasser

Nun befinden wir uns schon im **Kaivopuisto-Park** (s. S. 98), hervorgegangen aus einem großen Kur-Komplex, der hier im 19. Jh. für die russische High Society angelegt wurde. Das Kurhaus wurde zwar im 2. Weltkrieg durch Bomben zerstört, aber Reste der alten Wellness-Institutionen, wie die alte **Trinkhalle Kaivohuone**, finden sich noch allerorts. Heute ist der Park beliebtes Ausflugsziel und außerdem das Botschaftsviertel Helsinkis. Am Ende des Parks schließt sich wieder das Meer an.

Genießen Sie, nicht nur an einem schönen Tag, die Aussicht auf die Schären unter dem Sonnensegel des **Café Ursula** (S. 42). Hier, wo man sich heute seinen Imbiss gern mit einer Vielzahl von Spatzen teilt, stand ursprünglich das Kurbad vom Kaivopuisto. Zur Rechten, den Kai entlang, kann man an Sommertagen einen finnischen Familiensport, das Teppichwaschen auf eigens dafür eingerichteten Waschbrücken, beobachten.

Nach einem kurzen Bogen durch den Kaivopuisto gelangt man zur Marina an der Merisatamanranta, dem **Merisatama Havshamnen**. Im Sommer ankern hier unzählige Privatboote, im Winter werden sie im angrenzenden Grüngürtel aufgebockt und seefest gemacht. Am Ende des Kais liegt der Terminal für die Wasserbusse nach Pihlajasaari und daneben erhebt sich ein drittes Monument für die Opfer des Meeres. Dahinter betritt man an der **Villa Ensi** (1910) den Stadtteil Eira.

Jugendstil en masse

Das **Viertel Eira** (s. S. 83) ist das Jugendstil-Eldorado Helsinkis. Und es zeigt am besten, dass die Epoche hier zu ganz anderen Ergebnissen führte als etwa in Wien, Riga oder Brüssel. In Formen, Motiven und Farben baute man hier im ersten Jahrzehnt des 20. Jh. eher zurückhaltend – wie die Finnen eben sind. Ob nun die Huivilakatu, die Kaapteeninkatu oder die Laivurinkatu die stilreinste Bebauung aufweist und wo die feinen Unterschiede zwischen Jugend- und Nationalstil denn liegen, das mag jeder Architekturfan für sich entscheiden: Hier sollte man sich verirren und staunen! Wer genug gegangen ist, kann vom **Eira-Krankenhaus** (Lars Sonck, 1905), einem Juwel des Nationalstils, mit der Tram 3T wieder ins Zentrum zurückkehren – vielleicht aber doch erst nach einem Abstecher zur gegenüberliegenden **Agricola-Kirche** aus dem Jahr 1935. Benannt ist diese Landmarke nach dem finnischen Reformator Mikael Agricola (1509–57), einem Schüler Luthers. Er übersetzte das Neue Testament ins Südfinnische, machte es damit zur Schriftsprache und gilt als Vater der finnischen Literatur.

Noch eine Markthalle

Weiter nördlich bringt einen der Bummel durch das Viertel Punavuori an Parkanlagen und Museen vorbei bis zum Platz **Hietalahdentori**. Ein Flohmarkt sowie Obst- und Gemüse-Stände warten hier auf Kundschaft. Und in der schönen Jugendstil-Markthalle, die größer ist als die am Kauppatori, schließt sich der Kreis. Von hier aus kommt man mit der Tram 6 oder auf einem Bummel über den Bulevardi zum Ausgangspunkt zurück.

Tour-Info

Dauer: ca. 3 Std.
Länge: etwa 3,5 km
Beste Zeiten: nachmittags
Verkehr: parallel zur Tour verkehren die Trams 1/1A, 3T/3B und 6, Abkürzungen sind also jederzeit möglich
Einkehren: Imbiss im Café Ursula oder in einem der vielen Restaurants in Eira.

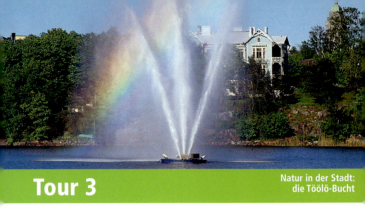

Tour 3

Natur in der Stadt: die Töölö-Bucht

Wechselnde Perspektiven

In der Stadtplanung von Alvar Aalto und anderen spielte die Töölö-Bucht die wichtigste Rolle – das Gewässer sollte in einer neuen Zeit zum neuen Zentrum Helsinkis werden, sozusagen das Erbe des Senatsplatzes antreten. Was man an repräsentativen Bauten damals plante, ist nur zum Teil realisiert. Und auch, wenn sich mit Reichstag, Finlandia-Halle, Nationaloper und Stadttheater etliche hauptstädtische Wahrzeichen dem Gewässer zuwenden und weitere hinzukommen werden, bleibt die Töölö-Bucht doch ein See. Ein Stück Natur, das mindestens so typisch finnisch ist wie Design und Architektur der genannten Gebäude.

Urban und erholsam

Die Tour startet am **Bahnhofsplatz** (Rautatientori), der so etwas wie Helsinkis Piccadilly Circus ist, natürlich in bescheideneren Dimensionen. Aber wenn irgendwo in der Hauptstadt von brodelndem Verkehr, großstädtischem Flair und irritierenden Lichtreklamen zu sprechen wäre, dann hier.

Kaum zu glauben, wie sich nur einen Block weiter nördlich die großstädtische Geräuschkulisse zu einem sanften Brummen abschwächt: im **Kaisaniemi-Park** und im **Botanischen Garten** (s. S. 98) ist vom urbanen Leben kaum noch was zu spüren. Statt Hektik erholsame Spaziergänge, statt Ampeln und Reklame das Grün der Bäume und das Blau des Sees.

Hakaniemi

Die ›lange Brücke‹ (Pitkäsilta), die eigentlich ziemlich kurz ist, markierte früher die Grenze zwischen dem gutbürgerlichen Helsinki und dem Arbeiterviertel Hakaniemi. Das Fünf-Sterne-Hilton-Hotel und viel verglaste Architektur machen deutlich, dass heute in Hakaniemi von proletarischem Background keine Rede mehr sein kann. Die ehemaligen Einfachst-Quartiere mit dreckigen Hinterhöfen glänzen heute als herausgeputzte Granit-Schlösschen, und der Blick auf Wasser, Bootsanleger, Park und Strand macht diesen Teil des Viertels zur bevorzugten Top-Lage.

Weiter geht's zur ›**Tiergartenbucht**‹ (Eläintarhanlahti), wo man 1967 das **Stadttheater** baute – und teilweise in den Felsen sprengte, sodass hier einer der größten Luftschutzräume Helsinkis entstand.

Holzvillen am See …

Einen Steinwurf vom Stadttheater entfernt trennt die breite Eisenbahn-Trasse Grün- und Wasserflächen in einen östlichen und einen westlichen Teil. Eine Fußgängerbrücke führt über die Gleise und bietet nebenbei ein schönes Panorama auf Stadt, Park und See. Der Weg führt in erhöhter Position am Ufer entlang, mit einer tollen Perspektive auf die Wasserfontaine und die Nationaloper an der anderen Seite. Auf dieser Seite sind es die schön restaurierten, herrschaftlichen Holzvillen, die diese Strecke so attraktiv machen. An manchen Stellen laden rustikale Gartencafés mit Aussicht zur Einkehr ein.

... und Arenen im Grünen

Umringt von Rasenflächen und Bäumen sind in dem Viertel nördlich der Helsinginkatu eindrucksvolle Sportstätten und Arenen konzentriert: Das berühmte **Olympiastadion,** das Finnair-Stadion, Eissporthalle, Schwimmstadion und weitere Sportplätze.

Nur wenige hundert Meter südlich, auf dem Weg zurück zur Töölö-Bucht, kommt man an Fichten, Kiefern und glatt geschliffenen Granitkuppen vorbei, die die Nähe der Großstadt vergessen lassen – Natur pur, die ohne Weiteres passend erkundet werden kann. Denn im **Fitness-Zentrum Töölönlahti** kann man sich mit Kanus, Fahrrädern, Skiern und anderem Sportgerät ausstatten.

Das Neue Helsinki

Das erneute Queren der Helsinginkatu bringt Sie zum Wasser zurück, wo man sich tatsächlich wie an einem Seeufer fühlt. Die Naturidylle wäre perfekt, hätte man nicht nach Süden die Perspektive auf Bahnhof und andere Landmarken der Kapitale. Und im Rücken hat man schließlich das weiße, 1993 fertig gestellte **Opernhaus**, das ein architektonisches Ausrufezeichen in die Parklandschaft setzt. Übrigens ist der Blick auf die Oper von dieser Seite am schönsten, schöner jedenfalls als der der üblichen Sightseeingtouren über die Mannerheimintie. Lage und Aussicht lassen sich im modernen Café-Restaurant direkt am Wasser genießen, oder bei einer Partie Schach mit Großfiguren im **Hesperiapark**. Oder man mietet sich ein Boot und rudert bis zur Mitte der Töölö-Bucht – da hätte man die beste aller Perspektiven.

Die Oper ist ein Wahrzeichen des Neuen Helsinki, die **Finlandia-Halle** (s. S. 75) das nächste, und weiter im Süden komplettieren das **Kiasma-Museum** (s. S. 95), ein gläsernes Verlagshaus und neue Hotelbauten die Runde. Es zeichnet diese Stadt aus, dass man zwischen all diesen Punkten unter Bäumen wandern oder joggen kann. Genauso gut könnte man die Picknick-Decke ausbreiten, Sonnenbaden, Enten füttern, Fahrrad fahren oder den See – je nach Jahreszeit – mit Kanu oder Schlittschuh erkunden.

Tour-Info

Dauer: mit Besichtigungen ca. 3 Std.
Länge: gut 4 km
Beste Zeit: vormittags, wenn man in Hakaniemi Markt und Markthalle besuchen möchte
Verkehr: Bahnhof und Reichstag sind mit fast allen Tram-Linien zu erreichen. Die Tour ist aber auch für Radfahrer geeignet – z. B. mit einem der grünen CityBikes.
Einkehren: drei nette Cafés mit schöner Aussicht gibt's am Ostufer der Töölö-Bucht, auf der westlichen Seite sitzt man fein und edel in einem Café unterhalb der Nationaloper

Tour 4

Klassiker der Moderne
im Design Distrikt

Esplanade und Design-Distrikt

Nach Sauna und Mücken ist Design wohl das dritte Klischee, das man mit Finnland in Verbindung bringt. Doch man sollte darüber nicht vergessen, dass finnisches Design, seine Einfachheit und Funktionalität, sein stimmiger Gebrauch beschränkter Ressourcen, spätestens seit den 1930ern Weltruf besitzt. Helsinki bietet hier den Anlaufpunkt, um in die Welt des Interior & Industrial Design einzutauchen.

Esplanade

Wir beginnen unsere Tour auf der Esplanade, Helsinkis ›Autobahn‹ mit integriertem Grüngürtel. Am westlichen Ende der Eteläesplanadi (Südliche Esplanade) findet sich mit **Artek** ein Muss für Freunde der klassischen Design-Moderne. Weiter in Richtung Westen passieren wir das Schwedische Theater und gelangen am Ende der Erottajankatu, beim tortenstückförmigen Kolmikulma-Park, in eins der neuen Trendviertel der Haupstadt, den sogenannten ›Design-Distrikt‹.

Design-Distrikt

Dieses Viertel ist ein Areal randvoll mit Design- und Antiquitätengeschäften, Modeläden, Kunstgalerien und Restaurants. Hier findet man die größten und interessantesten Namen der Welt des finnischen und internationalen Design, die Klassiker der Moderne, aber auch die aktuellen Trendsetter. Auch nur die wichtigsten Adressen aufzuzählen würde zu weit führen – hier ist Entdeckergeist angesagt!

Auf der Ostseite des Parks liegt das **Design Forum** (s. S. 57): das ist erheblich mehr als ein Design-Laden. Hier kann man wechselnde Ausstellungen besuchen, ausgezeichnet loungen und bei einem Kaffee die Exponate bewundern. Gegenüber, auf der Yrjönkatu, finden sich neben **Aero,** mit der nun schon vertrauten Mischung aus alter und aktueller Moderne, eine Vielzahl weiterer Geschäfte mit einem breit gefächerten Angebot von Hochzeitskleidern bis zu Schiffsmodellen.

Gedankenfutter

Wem nach so viel Window-Shopping nach etwas geistiger Nahrung zumute ist, der sollte den kurzen Weg die Yrjönkatu hinunter zum Koulupuistikko, dem nächsten Tortenstückplatz, nicht scheuen: Hier befinden sich auf der Vorderseite das **Designmuseum** (s. S. 94) und, auf der Rückseite (an der Kasarmikatu), das **Museum für finnische Architektur** (s. S. 93). Wechselnde Ausstellungen und ständige Sammlungen geben die nötigen Einblicke in die Grundlage und Zusammenhänge von Design und Architektur.

Ins Grüne
Hungrig? Dann macht man einen kurzen Abstecher den Bulevardi hinunter zum **Café Ekberg** (s. S. 40) der ältesten Konditorei Helsinkis, wo man nicht nur im Sommer Kaffee und Kuchen auf dem Bürgersteig einnimmt. Unsere Tour führt weiter ins Grüne, in den idyllischen **Vanha Kirkkopuisto** mit der Alten Kirche (Vanhakirkko), 1826 von Engel erbaut. Das Gotteshaus wirkt heute klein und fast verloren vor der Kulisse der hoch aufragenden Bebauung der Jahrhundertwende.

Kamppi
Das nächste Viertel, überragt vom Hotel Tornio mit seinem namensgebenden Turm, heißt Kamppi (schwed. Kampen). Es atmet zwar nicht mehr die bunte Vielfalt des Design-Distrikts, bietet aber mit der für Helsinki so typischen Bebauung mit überhohen Wohn- und Geschäftsblöcken ein durchaus beeindruckendes Flair.

Quer durch die Forum-Shopping-Mall oder über die Kalevankatu gelangen wir zum funktionalistischen ›Glaspalast‹ **Lasipalatsi** (s. S. 88) und zur Mannerheimintie auf Höhe des Denkmals der **Drei Schmiede**. Diese hämmernden Herren scheinen geradewegs aus der Sauna zu kommen und liefern eins der touristischen Fotomotive Helsinkis. Am Sockel sind die Spuren der Bomben des 2. Weltkriegs zu sehen. Es lohnt sich, ein paar Schritte die Mannerheimintie zum **Alten Studentenhaus** (1870) hinunter zu gehen. Es bietet einige wunderbare Details im Nationalstil und dient auch heute als Studentenwohnheim.

Einkaufen in der Aleksanterinkatu
Weiter geht es auf der Alexanderstraße, einer weiteren Einkaufsmeile im Herzen Helsinkis. Wenn man auch vielleicht die Exklusivität und Vielfalt des Design-Distrikts vermisst, dem Shoppen sind hier keine Grenzen gesetzt. Einige Highlights auf der Aleksanterinkatu: **Helsinkis WorldTradeCenter,** untergebracht in einem Bankgebäude von 1921, die alte Geschäftsgasse **Vanha Kauppakuja,** die Niederlassung der **Konditorei Fazer** in der Kluuvikatu, deren Schokolade man in jedem Supermarkt Finnlands findet (s. S. 40), das **Pohkola-Haus** der Architekten Lindgren, Gesellius und Saarinen und schließlich noch das **Einkaufszentrum Kluuvi,** eine moderne Shopping-Mall von 1989.

Am Senatsplatz geht es rechts die Unioninkatu hinunter zum Fremdenverkehrsamt, dem Endpunkt der Tour. Den benachbarten **Jugendsaal** sollte man sich nicht entgehen lassen. Wo heute Touristen in einem schönen Gewölberaum der Nationalromantik beraten werden, hielten sich ursprünglich Kunden und Angestellte einer Bank auf.

Tour-Info

Dauer: ohne Shopping und Besichtigungen ca. 2 Std.
Länge: 4 km
Verkehr: der Design-Distrikt wird durch die Tram 10 erschlossen, über den Bulevardi fährt die 6 und einen großen Zirkel schlägt die 3T/3B
Einkehren: zum Start einen Kaffee oder Krabbenbrot an der Markthalle, Pause unterwegs im Café Ekberg oder oben in der Ateljee-Bar des Hotels Torni

Tour 5

Zentrum des politischen Helsinki: das Parlament

Volkskunst und Moderne

Der Weg vom Reichstag zur Insel Seurasaari könnte ein langer Spaziergang sein, der vor allem viel Grün und den immer wieder schönen Blick aufs Wasser bietet. Diese Tour ist aber mehr, denn auf dem Weg vom turbulenten Zentrum der Metropole zum beschaulichen Leben auf dem Land verbindet sie verschiedene Welten und verschiedene Zeiten.

Welt der politischen Macht

Startpunkt ist die breite Verkehrsader der Mannerheimintie, am besten an jener Stelle, an der der Marschall selbst hoch zu Ross über ›seine‹ Straße blickt. Hinter seinem Bronze-Rücken erheben sich Museums-, Büro- und Hotelbauten der Jetztzeit, auf der anderen Straßenseite steht granitten und unverrückbar die Säulenfront des **Reichstages**: Ein beeindruckendes Stück Herrschaftsarchitektur, in jüngerer Zeit etwas abgemildert durch die spielerischen, geschwungenen Nebengebäude. Finnische Geschichte, finnische Politik und ihre wichtigsten Repräsentanten sind Thema dieser Tour, was hier in geballter Form sichtbar ist. Zum Beispiel am Parlamentsgebäude als dem Haus der Abgeordneten, aber auch an Mannerheims Reiterstandbild und an den Plastiken anderer finnischer Präsidenten rings um den Reichstag. Auf dem Weg vom klassizistischen Granitkoloss nach Norden passiert man viele weitere historische und politische Einsprengsel. Nachdem man unweit westlich des Reichstages die **Tempelkirche** (s. S. 76) passiert hat, zweifellos eine der schönsten modernen Kirchen im Norden, gelangt man zur Halbinsel Hietaniemi. Sie lohnt den Besuch, nicht nur wegen des schönen Parks samt Badestrand und Seeblick, sondern auch wegen des **Hauptfriedhofes,** auf dem man Mannerheims Grab findet, ebenso wie viele Soldatengräber, die die finnische Geschichte allein durch ihre Existenz kommentieren.

Parks und Residenzen

Nördlich davon bummelt man in aussichtsreicher Lage an der **olympischen Ruderstation** vorbei, durchquert den Sibelius-Park, wo sich Touristengruppen den besten Platz um das **Sibelius-Monument** streitig machen. Die von Eila Hiltunen geschaffene Skulptur aus geschweißten und polierten Stahlröhren (1962–67) erinnert an den bekanntesten Komponisten des Landes. Wegen der Kritik an der abstrakten, offenbar Orgelpfeifen nachempfundenen Form des Denkmals wurde es später mit einer konventionellen Büste ergänzt. Hinter dem Park stößt man unterhalb eines Krankenhaus-Komplexes auf die **Villa Kesäranta.** Sie wurde 1904 als Sommerresidenz für den russischen Generalgouverneur eingerichtet, später diente sie als Amtssitz des Ministerpräsidenten, eine Funktion, die die Villa auch heute noch hat.

Ihr gegenüber, auf der anderen Seite der Bucht Humvallahti, prangt in **Mäntyniemi** seit 1993 ein herrlicher Gebäudekomplex aus viel Holz und viel Glas. Als Amtssitz des Staatspräsidenten stellt er die Schaltstelle der Macht in Finnland dar – eine Rolle, die er vom Präsidentenpalais am Marktplatz erbte. Eine Zeitlang, nämlich in der Ära des unvergessenen Urho Kekkonen, wurde Politik nur wenige hundert Meter von hier entfernt gemacht: in der rosafarbenen **Villa Tamminiemi** (s. S. 96). Sie war damals die offizielle Residenz des Präsidenten; als Museum erinnert sie heute an die Zeit des Kalten Krieges und an die wichtigsten finnischen Politiker der Nachkriegszeit.

Volkskunst zum Schluss

Schon auf der Strecke zwischen Mäntyniemi und Villa Tamminiemi passiert man auf der Seurasaarientie einige Holzvillen, die z. T. herrschaftlich, aber nicht wirklich großstädtisch wirken. Die Dimensionen werden bescheidener, das Großbürgertum überlässt den Platz dem Kleinbürgertum. An dieser Stelle sieht man die **Villa Tomtebo**, die Seurasaari gegenüberliegt und Sitz einer volkskundlichen Stiftung ist. Feste, Folklore und Feiern werden hier organisiert, es gibt ein hübsches Café und genügend Material zur Vorbereitung auf das Freilichtmuseum.

Auf **Seurasaari** (s. S. 100) selbst verabschiedet man sich schließlich vom städtischen Leben und taucht in eine andere, vergangene Welt ein. Schon der Weg dorthin macht das deutlich. Denn Seurasaari ist eine Insel, getrennt vom Rest der Stadt und nur erreichbar über eine lange Holzbrücke. In dem großen **Freilichtmuseum** (s. S. 100) erwarten einen viele rustikale Relikte eines anderen Finnlands.

Manche der Jahrhundertwende-Villen haben noch einen urbanen Hintergrund, bei anderen Gebäuden wie der Holzkirche von Karuna macht man Bekanntschaft mit dem ländlichen Finnland. Besonders gute Einblicke verschaffen die Bauernhöfe Niemelä aus Konginkangas und Antii aus Säkylä, die mit allen Neben- und Wirtschaftsgebäuden erhalten sind. Das Freilichtmuseum hat seine idyllischen Ecken, und vieles wirkt auf das Auge des gestressten Großstädters malerisch. Trotz aller Folklore und pittoresker Volkskunst in Architektur und Einrichtung: Gerade hier wird klar, dass das auf Seurasaari konservierte Finnland vor allem ein hartes Leben bedeutete.

Tour-Info

Dauer: ab Reichstag ca. 2 Std., Besichtigung von Seurasaari noch einmal ca. 2 Std.
Länge: gut 5 km
Beste Zeiten: vormittags – dann hat man keine Zeitnot im Freilichtmuseum
Verkehr: Der Startpunkt am Reichstag ist mit fast allen Tram- und Buslinien erreichbar, Rückkehr ab Seurasaari mit Bus 24
Einkehren: Die Belohnung zum Schluss – in einem der Cafés oder Restaurants auf Seurasaari und Umgebung

Register

Aalto, Café 40
Aarikka 62
Academica Summer Hostel 29
Aero 57, 114
Agricola-Kirche 111
Aleksi 58
Alkohol 14
Alppipuisto-Park 98
Alte Kabelfabrik s. Kaapelitehdas
Alte Kirche s. Vanhakirkko
Alte Markthalle (Vanha kauppahalli) 60, 87, 110
Altes Studentenhaus 115
Amos Anderson Art Museum 91
Anna, Hotel 31
Annantalo 96
Angeln 78
Anreise 20
Apotheken 22
April Jazz 72
Arabia-Center 59
Arabianranta 83
Artek 57, 114
Arthur, Hotel 31
Ateljee-Bar 14, 66
Ateneum 95
Ausflugsboote 25, 85
Auskunft 20
Aussichtspunkte 14
Baden 78
Bahnhofsplatz s. Rautatientori
Baker's, Rest. 52
Bellevue, Rest. 49, 109
Boat House, Rest. 48
Botanischer Garten 98, 112
Busterminal Kamppi 24
Camping 35
Carelia, Rest. 44
Carlton, Hotel 31
Carusel, Café 41
Casino 65
Chez Dominique, Rest. 51
City-Center 58
Corona 66
Design Forum 57, 114
Design-Distrikt s. Kaartinkaupunki
Designmuseum (Designmuseo) 94, 114
Designor 57
Deutsche Kirche 110

Diplomatische Vertretungen 23
Dom (Tuomiokirkko) 91, 109
Don Corleone, Rest. 42
Drei Schmiede 115
DTM 71
Dubrovnik Lounge & Lobby 69
Eduskuntatalo (Reichstag) 90, 116
Einreise 20
Eira 83, 111
Eira-Krankenhaus 111
Eissporthalle 113
Ekberg, Café 40, 115
Eläintarhanlahti (Tiergartenbucht) 112
Elite, Rest. 45
Engel, Café 40
Esplanade 54, 65, 86
Espoo 102
Eurohostel Oy 30
Fazer, Café 40, 115
Feiertage 14
Felsenkirche s. Tempelkirche
Fenno, Hotel 30
Finlandia-Halle 13, 75, 113
Finnair-Stadion 113
Finnische Nationaloper 75
Finnisches Museum für Fotografie 94
Finnisches Nationalmuseum (Kausalismuseo) 92
Finnisches Nationaltheater 74
Fishmarket, Rest. 51
Flohmarkt 60
Flughafen 20
Formverk 57
Forum 55, 58
Freilichtmuseum Seurasaari 117
Friitala 61
Fundbüro 23
Gallen-Kallela-Museum 105
Garde-Kaserne 84
Geld 22
Gesundheit 22
Glaspalast s. Lasipalatsi
Golf 80
Grecia, Rest. 52
Hafen 110
Hakaniementori 60, 112

Hakaniemi-Markthalle 41, 60
Hanko 102
Harakka 99
Hartwall Areena 73
Hauptbahnhof s. Rautatiesema
Hauptfriedhof 116
Havis, Rest. 50
Heilige Dreieinigkeitskirche 109
Helka Hotel 31
Helsingin Kaupungin Taidemuseo (Städtisches Kunstmuseum) 92
Helsingin Kaupunginmuseo (Stadtmuseum Helsinki) 92
Helsinki Card 15
Helsinki Club 69
Helsinki Help 16
Helsinki-Festwochen 72
Helsinki-Tag 72
Hercules 71
Heringsmarkt s. Strömlingsmarkt
Hesperiapark 113
Heureka 96
Hietalahdentori 60, 111
Hietaniemi 116
Hilton Helsinki Strand 32
Hostel Erottajanpuisto 29
Hostel Suomenlinna 31
Hotel- und Restaurantmuseum 94
Iguana, Rest. 42
Itäkeskus 58
IvanaHelsinki 62
J.L. Runeberg 25
Jugendherberge 89
Jugendsaal 115
Kaapelitehdas (Alte Kabelfabrik) 65, 94
Kaartinkaupunki (Design-Distrikt) 54, 84, 114
Kaisaniemi-Park 98, 112
Kaivohuone 111
Kaivopuisto 98, 110
Kallio 13, 55, 84
Kallio-Kirche (Kallion kirkko) 91
Kämp Galleria 59
Kämp, Hotel 35
Kamppi 55, 59, 89, 115
Kanu 80, 81
Kapelle der orthodoxen Gemeinde 109

Kappeli, Rest. 45, 86
Kasakka, Rest. 50
Katajanokka 84, 108
Katajanokka Kasino 108
Kauppatori (Marktplatz) 60, 87, 108, 110
Kellarikrouvi, Rest. 45
Keskuspuisto 81, 98
Kiasma, Café 41
Kiasma nykytaiteen museo 95, 113
Kinder 77
Kinopalatsi 73
Kiseleffin Talo 63
Kleidung 15
Kluuvi 59, 115
Kola 66
Kolme Kruunua, Rest. 42
Kompassi 20
Kom Ravintola 66
Kosmos, Rest. 45
Kruununhaka 55, 85
Kunstmuseum Sinebrychoff s. Sinebrychoffin Taidemuseo
La Cocina, Rest. 52
Lappi, Rest. 46
Lasipalatsi (Glaspalast) 46, 55, 88, 115
Leihwagen 24
Linnanmäki 97
Lost & Found/Hideaway bar 71
Luonnontieteellinen Keskusmuseo (Naturhistorisches Museum) 93
Mannerheimintie 86
Mannerheim-Museum (Mannerheim Museo) 93
Mäntyniemi 117
Marimekko 62
Marktplatz s. Kauppatori
Marmorpalast 110
Mbar 67
Merisatama Havshamnen 111
Mittsommerfest 72, 101
Molly Malone's 67
Moskva, Café 67
Museum für finnische Architektur s. Suomen Rakenustaiteen Museo
Naturhistorisches Museum s. Luonnontieteellinen Keskusmuseo
Neuhaus, Café 41
NJK, Rest. 48

Nokka, Rest. 46
Nordisches Kulturzentrum 101
Notfall 23
Nuuksio 103
Observatoriumspark 110
Öffentliche Verkehrsmittel 15, 24
Öffnungszeiten 23
Olympiastadion 14, 74, 89, 113
Olympia-Terminal 110
Olympische Ruderstation 116
Oper 113
Orion 73
Palace Hotel Linna 32
Parilla Espanola, Rest. 52
Pentik 63
Philharmonisches Orchester 76
Pihlajasaari 99
Piper, Café 42
Pohkola-Haus 115
Porvoo (Borgå) 103
Post 23
Präsidentenpalais s. Presidentin Linna
Preise 15, 22, 28, 29, 33, 65, 77
Presidentin Linna (Präsidentenpalais) 89
Puistovuoret 103
Radfahren 25, 79
Radisson SAS Plaza 32
Rastila Camping 35
Rauchen 15
Rautatieasema (Hauptbahnhof) 88
Rautatientori (Bahnhofsplatz) 54, 64, 87, 112
Ravintola Ilves, Rest. 43
Regierungspalais s. Valtioneuvoston linna
Reichstag s. Eduskuntatalo
Reisezeit 15
Ritterhaus 109
Rose Garden 70
Ruoholahti 85
Saaga, Rest. 47
Saari, Rest. 49
Sandeep, Rest. 53
Saslik, Rest. 50
Sasso, Rest. 53
Sauna 80
Savoy, Rest. 14, 51
Savoy-Theater 75

Savu, Rest. 49
Scandic Hotel Continental 33
Scandic Hotel Grand Marina 33
Scandic Hotel Simonkenttä 33
Schären 99
Schiffbrüchigen-Denkmal 110
Schwedisches Theater 75
Schwimmstadion 113
Sea Horse, Rest. 43
Sea Life 97
Sederholm Haus 92, 109
Selbstversorger 30
Senaatintori (Senatsplatz) 85, 87, 109
Seurahuone, Hotel 32
Seurasaari 76, 100, 101, 117
Sibelius-Akademie 76
Sibelius-Monument 116
Sibelius-Park 98, 116
Sicherheit 16
Silvester 72
Sinebrychoffin Taidemuseo (Kunstmuseum Sinebrychoff) 96
Sir Eino 68
Spårakoff 16
Spielzeugmuseum 93
Sprache 17, 18, 69
St. Henriks-Kirche 110
Stadionin maja 30
Städtisches Kunstmuseum s. Helsingin Kaupungin Taidemuseo
Stadtmuseum Helsinki s. Helsingin Kaupunginmuseo
Stadtrundfahrten 25, 85
Stadttheater 74
Stein der Zarin 108
Stockmann 59
Storyville 70
Strindberg, Café 44
Strömlingsmarkt (Heringsmarkt) 60, 72
Sundmann-Haus 110
Suomen Rakenustaiteen Museo (Museum für finnische Archtitektur) 93, 114
Suomenlinna 12, 13, 92, 101
Suomenlinna-Museum 93

119

Bildnachweis/Impressum

Tähtitorninvuori 99
Tallinn 104
Tarvaspää 105
Tavastia/Semifinal 71
Taxi 24
Telefonieren 23
Tempelkirche (Temppeliaukion kirkko) 76, 116
Tennispalatsi 73
Tervasaari 101
Theater-Museum 94
Thomas-Markt 72
Tiergartenbucht s. Eläintarhanlahti
Tin tin Tango 68
Toiletten 16
Töölö-Bucht (Töölönlahti) 82, 99, 112, 113
Töölöntori 60
Töölö-Viertel 64
Torni, Sokos Hotel 14, 34
Tram Museum 92
Trinkgeld 17
Troikka, Rest. 50
U-Boot Vesikko 93
Union Design 63
Universitätsbibliothek 87
Ursula, Café 42, 111
Uspenski-Kathedrale (Uspenskin katedraali) 14, 91, 108
Vaakuna, Sokos Hotel 14, 34
Valtioneuvoston linna (Regierungspalais) 88, 109
Vanhakirkko (Alte Kirche) 90, 115
Vanha Kauppakuja 115
Vanha Kirkkopuisto 115
Vantaa 105
Verkehr 17
Vikki 82
Villa Hakasalmi 92
Villa Kesäranta 117
Villa Tamminiemi (Urho-Kekkonen-Museum) 96, 117
Villa Tomtebo 117
Vltava 69
Vuosaari 82
Walhalla, Rest. 49
Walking 80
Wandern 81
We got Beef 71
Wetter 17
Wintersport 81
WorldTradeCenter 115
Yrjönkatu-Hallenbad 79
Zeit 17
Zentralpark s. Keskuspuisto
Zetor 69
Zimmervermittlung 29
Zoll- und Packhaus 109
Zoo Korkesaari 97

Alle Angaben ohne Gewähr. Für Fehler können wir keine Haftung übernehmen.
Ihre Anregungen greifen wir gern auf – schnell und unkompliziert.
DuMont Reiseverlag, Postfach 3151, 73751 Ostfildern, info@dumontreise.de, www.dumontreise.de

---

Bildnachweis:
Titel: Hafen mit Ausflugsbooten
vordere Umschlagklappe: Kiasma, Museum für moderne Kunst.
S. 1: Mädchen auf den Treppen der Domkirche
S. 6/7: Studenten im Café Kappeli
S. 24/25: Blick über den Senatsplatz
S. 106/107: Unterwegs zur Festung Suomenlinna

Fotografen:
Galli, Max/laif (Köln): Titel
Gonzalez, Miquel/laif (Köln): vordere Umschlagklappe
Joeressen, Eva-Maria (Willich): S. 82
Kessner, Klaus (Willich): S. 43, 54, 64, 70, 90, 110, 114
Kliem, Thomas (Kalkar): S. 2/3, 6/7, 8, 9, 12, 74, 112
Quack, Ulrich (Wegberg): S. 100
Stankiewicz, Thomas (München): S. 1, 3 u., 4, 14, 26/27, 28, 34, 36, 44, 47, 53, 61, 68, 72, 78, 86, 88, 94, 102, 106/107, 108, 116

Kartografie: DuMont Reisekartografie, Fürstenfeldbruck
© Dumont Reiseverlag, Ostfildern

3., aktualisierte Auflage 2009
© DuMont Reiseverlag, Ostfildern
Alle Rechte vorbehalten
Grafisches Konzept: Groschwitz, Hamburg
Druck: Rasch, Bramsche
Buchbinderische Verarbeitung: Bramscher Buchbinder Betriebe